T0197210

#philosophieorientiert

In der Politik, in der Gesellschaft aber auch im Alltäglichen haben wir es immer wieder mit grundsätzlichen Fragen danach zu tun, was man tun soll, was man glauben darf oder wie man sich orientieren sollte. Also etwa: Dürfen wir beim Sterben helfen?, Können wir unseren Gefühlen trauen?, Wie wichtig ist die Wahrheit? oder Wie viele Flüchtlinge sollten wir aufnehmen? Solche Fragen lassen sich nicht allein mit Verweis auf empirische Daten beantworten. Aber sind die Antworten deshalb bloße Ansichtssache oder eine reine Frage der Weltanschauung? In dieser Reihe zeigen namhafte Philosophinnen und Philosophen, dass sich Antworten auf alle diese Fragen durch gute Argumente begründen und verteidigen lassen. Für jeden verständlich, ohne Vorwissen nachvollziehbar und klar positioniert. Die Autorinnen und Autoren bieten eine nachhaltige Orientierung in grundsätzlichen und aktuellen Fragen, die uns alle angehen.

Oliver Hallich

Redefreiheit in der Wissenschaft – wo sind ihre Grenzen?

 **J.B. METZLER**

Oliver Hallich
Institut für Philosophie
University Duisburg-Essen
Essen, Nordrhein-Westfalen,
Deutschland

ISSN 2524-468X   ISSN 2524-4698   (electronic)
#philosophieorientiert
ISBN 978-3-662-68602-7   ISBN 978-3-662-68603-4   (eBook)
https://doi.org/10.1007/978-3-662-68603-4

Die Deutsche Nationalbibliothek verzeichnet diese Publikation in der Deutschen Nationalbibliografie; detaillierte bibliografische Daten sind im Internet über https://portal.dnb.de abrufbar.

Planung/Lektorat: Franziska Remeika
J.B. Metzler ist ein Imprint der eingetragenen Gesellschaft Springer-Verlag GmbH, DE und ist ein Teil von Springer Nature.
Die Anschrift der Gesellschaft ist: Heidelberger Platz 3, 14197 Berlin, Germany

Das Papier dieses Produkts ist recycelbar.

Einleitung

Die Debatte um Redefreiheit in der Wissenschaft und ihre Grenzen, um „cancel culture" und die Ausgrenzung missliebiger oder anstößiger Meinungen aus dem wissenschaftlichen Diskurs, wird lebhaft, teils sehr emotional geführt. Die Frontenbildung ist deutlich: Auf der einen Seite stehen diejenigen, die sich im Namen der Moral gegen Redebeiträge wenden, die sie als diskriminierend, kränkend oder ausgrenzend empfinden. Auf der anderen Seite stehen diejenigen, die im Namen einer offenen Streitkultur und häufig unter Berufung auf Artikel 5 des Grundgesetzes – der die Meinungs- und Wissenschaftsfreiheit an keine anderen Voraussetzungen als an Verfassungstreue bindet – die Redefreiheit der so kritisierten Personen verteidigen. Sie fordern, deren Ansichten nicht aus dem Gespräch auszugrenzen und ihnen, selbst wenn man sie nicht teilt, Gehör zu verschaffen (zur Orientierung über die neuere Debatte vgl. insbes. die bei Özmen 2021a, Kostner 2022, Lotter 2023a zusammengestellten Texte sowie

Jaster/Keil 2022a, b). Nicht selten macht diese Auseinandersetzung – selbst wenn sie nicht in den Feuilletons, sondern als eine innerakademische Debatte z. B. in der Philosophie geführt wird – den Eindruck, dass es in ihr eher um die Verteidigung von Ideologien als um nüchterne und vorurteilsfreie Diskussion geht.

Mit dem folgenden Essay soll ein Beitrag zur Versachlichung dieser Debatte geleistet werden. In seinem Zentrum steht der Versuch, konsensfähige Kriterien für die mögliche Einschränkung von Redehandlungen zu entwickeln und auf deren Grundlage ein Verfahren vorzuschlagen, das es ermöglicht, im Einzelfall zu entscheiden, ob – und wenn ja, in welcher Form – eine Einschränkung einer Redehandlung legitim ist. Dass die meisten der dabei diskutierten Beispiele dem Fach Philosophie entstammen, ist der Fachzugehörigkeit des Verfassers geschuldet, ist aber – mit Ausnahme des Falles von Peter Singer – für die diskutierten Sachprobleme unerheblich. Die Beispielfälle stehen exemplarisch für das allgemeine Problem der Redefreiheit in der Wissenschaft, und die Argumente lassen sich auch auf die Debatte um Redefreiheit in anderen Disziplinen als der Philosophie beziehen.

Zunächst wird in Kap. 1 für die These argumentiert, dass die übliche und meist unkritisch akzeptierte Verwendung der Ausdrücke „Freiheit" und „Freiheitseinschränkung" aufgrund der wertenden Komponente dieser Ausdrücke einer rationalen Auseinandersetzung der genannten Fragen entgegensteht. Statt von Freiheitseinschränkungen zu sprechen, sollten wir, so die These, neutral und wertungsfrei von der Einschränkung von Redehandlungen sprechen und fragen, ob eine Einschränkung einer Redehandlung im Einzelfall richtig oder falsch ist. In Kap. 2 werden verschiedene Formen der Einschränkung von Redehandlungen voneinander unterschieden, die sich hinsichtlich der für ihre Legitimierung zu erfüllenden Rechtfertigungsbedingungen erheblich voneinander unterscheiden. Die Einschränkung einer Redehandlung lässt sich grundsätzlich durch den Hinweis auf einen Schaden legitimieren, der im Falle des Verzichts auf eine solche Einschränkung zu erwarten ist. Daher werden in Kap. 3 mögliche Formen eines Schadens, der bei Verzicht auf die Einschränkung einer Redehandlung entstehen könnte, voneinander unterschieden. Diese Schadensformen können prinzipiell rechtfertigende Gründe für die Einschränkung von Redehandlungen darstellen. In Kap. 4 werden die unterschiedenen Formen der Einschränkungen von Redehandlungen und die verschiedenen dadurch potentiell zu verhindernden Schäden miteinander in Beziehung gesetzt. Es wird ein Entscheidungsverfahren vorgeschlagen und an vier in der Debatte um Redefreiheit lebhaft diskutierten Fällen veranschaulicht, mit dessen Hilfe sich einzelfallbezogen entscheiden lässt, ob angesichts eines zu erwartenden Schadens die Einschränkung einer Redehandlung als legitim anzusehen ist, und wenn ja, in welcher Form.

Inhaltsverzeichnis

1

Zur Rhetorik der Freiheitseinschränkung

1.1 Die Debatte um Redefreiheit in der Wissenschaft – vier Beispiele

Zunächst vier Beispiele, drei davon aus jüngerer Zeit, für die in Deutschland geführten Auseinandersetzungen um Wissenschafts- und Redefreiheit und „cancel culture":

(1) Im September 2022 fand in Berlin der Kongress der *Gesellschaft für Analytische Philosophie* (GAP) zum Thema „Philosophie und Öffentlichkeit" statt. Zu einer Podiumsdiskussion über „Wissenschaftsfreiheit und Moral" bei der Eröffnungsveranstaltung dieses Kongresses war auch der renommierte analytische Philosoph Prof. Georg Meggle eingeladen. Am 3. September, neun Tage vor Kongressbeginn, entschied sich die Kongressleitung, ihn wieder aus-

© Der/die Autor(en), exklusiv lizenziert an Springer-Verlag GmbH, DE, ein Teil von Springer Nature 2024
O. Hallich, *Redefreiheit in der Wissenschaft – wo sind ihre Grenzen?*, #philosophieorientiert,
https://doi.org/10.1007/978-3-662-68603-4_1

zuladen. Grund hierfür war, dass Georg Meggle, und zwar als „Ehrenpräsident der GAP", den im November 2021 veröffentlichten „Neuen Krefelder Appell", „Den Kriegstreibern in den Arm fallen" (Fikentscher 2021), als einer der Erstunterzeichner mitunterschrieben hatte. Dabei handelt es sich um einen Anti-Nato-Appell, in dem unter anderem die Verschwörungstheorie des „Great Reset" vertreten wird, der zufolge hinter der „Impfkampagne" eine Strategie der „Superreichen" stünde, die unter dem Deckmantel der Pandemiebekämpfung einen „Neustart" eines kapitalistischen Systems anstreben würden, um dieses „auf eine noch perversere Stufe" heben zu können.

Zur Entscheidung, Georg Meggle auszuladen, führt der Vorstand aus:

Die Entscheidung haben wir in Ausübung unserer Wissenschaftsfreiheit als einladende Institution aus zwei Gründen getroffen:

(1) Wir halten es für unangemessen, das Eröffnungspodium eines wissenschaftlichen Kongresses mit einer Person zu besetzen, die eine krude Verschwörungstheorie wie die Great Reset-Theorie unterstützt. Eine solche Theorie zu propagieren widerspricht den epistemischen Standards, für die die GAP als Fachgesellschaft steht. Es ist auch dem Signal entgegengesetzt, das wir mit der Auftaktveranstaltung des Kongresses aussenden möchten: zu zeigen, dass man auch über kontroverse Themen sachlich und unter Berücksichtigung der Beleglage diskutieren kann.

(2) Thema des Podiums „Wissenschaftsfreiheit und Moral" sind ziemlich spezifische Fragen: Kann es legitim sein, wissenschaftliche Positionen mit moralischen Gründen zu kritisieren? Gibt es solche legitimen Gründe, die *nicht* mit der Freiheit der

Forschung und Lehre konfligieren? Mit der Unterzeichnung des genannten Appells hat Georg Meggle eine Position bezogen, die auf dem Podium nicht unwidersprochen bleiben könnte. Die Moderatorin müsste eine Einordnung der Einladung Meggles im Lichte seiner Unterstützung des Appells vornehmen, die anderen Podiumsgäste müssten sich dazu verhalten. Damit würde sich der Fokus des Podiums völlig verschieben. Die Kongressleitung sieht nicht, wie sie den geplanten thematischen Zuschnitt der Veranstaltung unter diesen neuen Bedingungen gewährleisten könnte. (GAP 2022a)

Diese Entscheidung provozierte kritische Stellungnahmen, u. a. einen kritischen Artikel von Patrick Bahners in der *FAZ* vom 12.09.2022 (Bahners 2022) sowie einen offenen Brief des „Netzwerks Wissenschaftsfreiheit", dessen Unterzeichner:innen – die Kritik des GAP-Vorstandes am „Krefelder Appell" wie an seiner Unterzeichnung durch Georg Meggle als Ehrenpräsidenten der GAP teilend – die Ausladung als „unverhältnismäßig" kritisieren:

Sehr geehrter Herr Prof. Dr. Keil,
lieber Kollege,
am 3. September 2022 hat der Vorstand der *Gesellschaft für Analytische Philosophie* in einer Erklärung mitgeteilt, dass er Prof. Dr. Georg Meggle, Gründungsmitglied und Ehrenpräsident der GAP, von einer Podiumsdiskussion zum Thema „Wissenschaftsfreiheit und Moral" wieder ausgeladen hat. Als Grund wird genannt, dass Georg Meggle den sog. Neuen Krefelder Appell „Den Kriegstreibern in den Arm fallen" unterstützt hat.
Wir teilen die Kritik daran, dass Prof. Meggle den Appell ursprünglich als „Ehrenpräsident" der GAP unterzeichnet hat. Wir teilen auch grundsätzlich die Kritik des Vorstandes am Krefelder Appell. Die GAP hätte sich allerdings von diesem Akt wie auch von dem Appell distanzieren können,

ohne Georg Meggle auszuladen. Ungeachtet der inhaltlichen Bewertung erscheint es uns als unverhältnismäßig, einen Philosophen wie Georg Meggle, der sehr verdienstvolle Arbeit für die GAP geleistet hat, für eine vergleichsweise Lappalie öffentlich so zu blamieren.

Die geltend gemachten Gründe und Thesen der GAP vermögen nicht zu überzeugen:

1. Es trifft zu, dass Art. 5.3 GG keinen Anspruch darauf begründet, bei einer bestimmten Veranstaltung zu sprechen. Aber daraus folgt nicht, dass eine Gesellschaft wie die GAP leichtfertig nach wissenschaftsfremden, hier: politischen Maßstäben entscheiden darf, wer einen Vortrag hält und wer nicht. Die Ausladung Georg Meggles ist geeignet, eine Praxis zu etablieren, in der Wissenschaftler für Meinungen, die nicht evident verfassungswidrig oder strafrechtlich problematisch sind, aus der wissenschaftlichen Gemeinschaft ausgeschlossen werden.

2. Der Vorstand der GAP wirft Georg Meggle vor, mit der Unterstützung des Appells den ‚epistemischen Standards‘ zu widersprechen, für die die GAP als Fachgesellschaft stehe. Es ist aber schwierig, solche Standards jenseits sehr allgemein-formaler Kriterien, die eine große Bandbreite insbesondere auch an politischen Urteilen erlauben, näher zu bestimmen. Zudem wird man gerade Georg Meggle nicht vorwerfen können, mit solchen Standards nicht vertraut zu sein.

3. Auch der von der GAP genannte, eher pragmatische Grund kann nicht überzeugen: Erstens hätte aller Wahrscheinlichkeit nach niemand etwas von diesem Appell gewusst. Und warum hätte die Moderatorin überhaupt etwas dazu sagen müssen, selbst wenn im unwahrscheinlichen Falle jemand eine Frage zum Appell gestellt hätte? Die Wahrheit ist wohl, dass gerade mit der Ausladung diese Veranstaltung einen anderen Fokus gewonnen hat.

Der Vorstand war rechtlich frei, Georg Meggle auszuladen, und vielleicht haben seine Mitglieder mit der Ausladung in Ausübung ihrer Wissenschaftsfreiheit gehandelt. Aber Freiheit schützt vor Irrtum nicht. Wir meinen, die Ausladung Georg Meggles widerspricht der in der Satzung festgehaltenen Aufgabe der GAP, sich für die Freiheit von Forschung und Lehre einzusetzen. No-platforming widerspricht dem Geist der Freiheit, der seit ihren Anfängen so wesentlich ist für die Philosophie. (Netzwerk Wissenschaftsfreiheit 2022)

Georg Meggle hat zunächst seine Unterzeichnung des Appells als „Ehrenpräsident der GAP" korrigiert, dann seine Unterstützung des Appells zurückgezogen. Der Vorstand der GAP zollt ihm hierfür in einer Stellungnahme vom 16.10.2022 Respekt (GAP 2022b).

(2) 2021 veröffentlichte die feministische britische Philosophin Kathleen Stock ihr Buch *Material Girls.* Darin thematisiert sie Fragen von *sex* und *gender* und kritisiert die „Theorie der Geschlechtsidentität" *(Gender Identity Theory),* der zufolge die Frage, ob eine Person ein Mann oder eine Frau ist, ausschließlich von der Selbstinterpretation des Subjekts abhängt. Sie verteidigt die Ansicht, dass Geschlecht auch eine biologische Kategorie ist und dass dieses biologische Geschlecht u. a. in der Medizin und in Kontexten des sportlichen Wettkampfes sowie für sexuelle Orientierung relevant ist. Sie nimmt damit zwar nicht gegen den *Gender Recognition Act* von 2004 – der es Transpersonen ermöglichte, sich ein von ihrem biologischen Geschlecht abweichendes Geschlecht bescheinigen zu lassen – Stellung, wohl aber gegen Bestrebungen, die soziale Stellung von Transpersonen über den *Gender Recognition Act* hinaus weiter zu verbessern. Sie plädiert z. B. dafür, dass Transfrauen keinen unbeschränkten Zugang zu

Umkleidekabinen für Nicht-Trans-Frauen haben sollten, da diese sich dadurch belästigt und bedroht fühlen könnten, und dass z. B. eine Transfrau, die vor ihrer Geschlechtsumwandlung als Mann wegen Vergewaltigung verurteilt wurde, nicht in einem Frauengefängnis untergebracht werden sollte (Stock 2022, Orig. 2021, insbes. 97–175).

Stocks Ansichten provozierten den Vorwurf, „transphob" zu sein und zu einer weiteren Diskriminierung einer ohnehin marginalisierten und vulnerablen Personengruppe beizutragen. Diese Sorge fand bereits in einem kurz *vor* der Veröffentlichung von *Material Girls,* nämlich im Januar 2021, publizierten *Offenen Brief über Transphobie in der Philosophie* Ausdruck, der von mehr als 600 teils prominenten Philosoph:innen unterzeichnet wurde. Die Unterzeichnenden nahmen die Absicht der britischen Regierung, Stock für ihre wissenschaftlichen Verdienste den „Order of the British Empire" zu verleihen, zum Anlass, gegen diese geplante Auszeichnung zu protestieren, da mit ihr eine „transphobe" Philosophin ausgezeichnet werden solle, und die Wichtigkeit des Widerstands gegen Transphobie zu betonen:

> Wir sind professionelle akademische Philosoph:innen, die sich der Inklusion und der Akzeptanz von Trans-Personen und nicht gender-konformen Menschen in der breiteren Öffentlichkeit und besonders auch innerhalb der Philosophie verpflichtet fühlen. Wir schreiben, um zu bekräftigen, dass wir uns der Entwicklung einer stärker inkludierenden Gemeinschaft verpflichtet fühlen, und wir lehnen den Einsatz professioneller oder kultureller Autorität zur Verstärkung von Gender-Unterdrückung ab.
> In der vergangenen Woche hat die konservative Regierung Großbritanniens Kathleen Stock, eine Philosophieprofessorin an der Universität Sussex und eine prominente Kritikerin von Haltungen und Regelungen, die auf die

Inklusion von Trans-Personen abzielen, zum „Officer of the Order of the British Empire" ernannt. Diese Auszeichnung wurde ihr vorgeblich für Verdienste in der Hochschulausbildung verliehen. Stock ist in den vergangenen Jahren vor allem durch ihre auf einen Ausschluss von Trans-Personen abzielenden öffentlichen und akademischen Beiträge zu *sex* und *gender* bekannt geworden, insbesondere dadurch, dass sie [Ursprungsversion des Textes: den] [spätere Hinzufügung zum Text: Verbesserungen zum] *U.K. Gender Recognition Act* und die Wichtigkeit der Selbstidentifikation zur Feststellung von Geschlechtsidentität abstreitet, und dass sie dafür eintritt, dass Trans-Frauen keinen Zugang zu Räumen wie Umkleidekabinen für Frauen oder zu Schutzräumen für Frauen erhalten sollten. Sie nutzte die Gelegenheit der Auszeichnung mit dem „Order of the British Empire", um auf Twitter zu posten und britische Universitäten dazu aufzurufen, ihre Verbindung mit Stonewall – der prominenten Stiftung zur Förderung der Rechte von LGBTQ+-Personen – zu beenden, deren auf die Inklusion von Trans-Personen abzielende Haltung sie als Bedrohung für die Redefreiheit beschrieb.

Trans-Personen sind gesellschaftlich bereits stark marginalisiert; sie sind zuverlässig belegter Diskriminierung ausgesetzt, die sich vom Regierungshandeln bis hin zu körperlicher Gewalt erstreckt. Ein Diskurs wie derjenige, den Stock hervorbringt und verstärkt, trägt zu diesen Verletzungen und Schädigungen [*harms*] bei; er dient dazu, den Zugang von Trans-Personen zu lebensrettenden medizinischen Behandlungen zu beschränken, die Drangsalierung von nicht gender-konformen Menschen zu fördern und auch sonst den patriarchalischen Status Quo zu festigen. Wir sind bestürzt darüber, dass die britische Regierung sich entschlossen hat, sie für diese verletzende und schädliche [*harmful*] Rhetorik zu ehren.

Wir sagen nicht, dass es Stock nicht erlaubt sein sollte zu sagen, was sie sagt. Wir glauben an die Grundsätze der akademischen Freiheit, und wir stellen fest, dass es diesen

Grundsätzen schlicht nicht widerspricht, dagegen Stellung zu nehmen, dass jemand für seine freie Rede gelobt oder geehrt wird. Akademische Freiheit geht mit Verantwortung einher; wir *sollten* diese Freiheit nicht benutzen, um Menschen zu schädigen, insbesondere die vulnerabelsten Mitglieder unserer Gemeinschaft. Die Sorge um die Gefahren, die von Stocks Werk ausgehen, mit Bedrohungen der akademischen Freiheit zu verwechseln, ist eine erhebliche Verunklarung wichtiger Themen.

Keinesfalls möchten wir nahelegen, dass es nicht weitreichende und wichtige Fragen über *sex* und *gender* gibt oder dass Philosoph:innen sich mit diesen Fragen nicht beschäftigen sollten. In einem 2019 von feministischen Philosoph:innen, die zu diesen Fragen gearbeitet haben, verfassten und unterzeichneten offenem Brief wurde eben dies festgestellt. Unsere Sorge ist vielmehr, dass einige – offensichtlich auch die britische Regierung – dazu neigen, transphobe Panikmache fälschlich für wertvolle Forschung und Angriffe auf bereits marginalisierte Personen für eine mutige Ausübung der Redefreiheit zu halten.

Wir stellen uns gegen prominente Angehörige unserer Berufsgruppe, die ihren akademischen Status dazu einzusetzen, Gender-Unterdrückung zu fördern. Wir verurteilen Transphobie in all ihren Erscheinungsformen und verpflichten uns hiermit öffentlich dazu, auf die Entstehung einer in stärkerem Maße inkludierenden Kultur hinzuarbeiten, in der Menschen aller Geschlechtsdarstellungen und Geschlechtsidentitäten in der Lage sind, sich zu entfalten und als diejenigen respektiert zu werden, die sie sind. (*Open Letter Concerning Transphobia in Philosophy* 2021, Übers. OH)

Dieser Brief wiederum rief einige auf den Plan, die im Namen der Wissenschaftsfreiheit den Unterzeichnenden vorwarfen, mit ihrem Protest gegen Stock „cancel culture" zu praktizieren, eine offene Diskussion der drängenden Fragen über *sex* und *gender* zu verhindern und die Freiheit von Forschung und Wissenschaft einzuschränken (vgl. z. B. Vukadinovic 2021).

In der sich zunehmend radikalisierenden Auseinandersetzung eskalierte im Folgenden die Kritik an Stock. An der Universität von Sussex organisierten Studierende Protestkundgebungen gegen Stock, bei denen mit Slogans wie „Stock Out" ihre Entlassung gefordert wurde. Stock, von den Protesten und Angriffen zermürbt, trat im Herbst 2021 von ihrer Professur zurück. Dies wurde von der Universitätsleitung ausdrücklich bedauert und schlug Wellen bis in das englische Parlament, wo man den Vorgang als Gefährdung der Wissenschaftsfreiheit einstufte. (Eine wohltuend ausgewogene, Stimmen von Beteiligten aller betroffenen Gruppen einbeziehende Berichterstattung über die Vorgänge bietet die BBC [2021]). Von einigen Studierenden wurde der Rücktritt Stocks von ihrer Professur hingegen mit Slogans wie „Ding Dong The Witch is Dead" gefeiert (vgl. Thomas 2021).

(3) Im Wintersemester 2018/19 fand an der Universität Siegen das von Prof. Dieter Schönecker organisierte Seminar „Denken und denken lassen. Zur Philosophie und Praxis der Meinungsfreiheit" statt. Zu den zu dieser Veranstaltung eingeladenen Personen gehörten auch der AfD-Politiker Marc Jongen und der ehemalige SPD-Politiker und bekannte Publizist Thilo Sarrazin, dessen Buch *Deutschland schafft sich ab. Wie wir unser Land auf Spiel setzen* 2010 erschienen war. Gegen die Einladung dieser beiden Personen regte sich Widerstand von Seiten einiger Studierender wie auch von Seiten einiger Kolleg:innen Dieter Schöneckers. Einige der ebenfalls Eingeladenen nahmen die Annahme der Einladung zurück, da sie nicht mit Jongen und Sarrazin zusammen in einer Veranstaltungsreihe sprechen wollten. Die Veranstaltung wurde

nicht über den E-Mail-Verteiler der Fakultät beworben, und zu ihr durfte nicht im Namen der Fakultät eingeladen werden. Dieter Schönecker wurde, legt man seine Darstellung des Falles zugrunde, untersagt, die ihm im Rahmen des üblichen Verteilungsverfahrens zugewiesenen Fakultätsmittel – die Lehrstuhlinhaber:innen standardisiert und regelmäßig zugewiesen werden und über die sie nach Maßgabe des ihnen sinnvoll Erscheinenden im gesetzlichen Rahmen verfügen dürfen – zur Finanzierung der Vorträge Jongens und Sarrazins zu verwenden. Die Vorträge wurden demnach aus anderen universitären (aber nicht von der Fakultät bereitgestellten) Mitteln finanziert.[1] Die Veranstaltung fand statt. Auch die Vorträge Sarrazins und Jongens fanden, wenngleich unter Protesten und unter Polizeischutz, statt.

(4) Als Debatte um Redefreiheit und ihre Grenzen ist auch die sogenannte „Singer-Affaire", die bis in die 1980er Jahre zurückreicht, einschlägig und weiterhin von theoretischem und praktischem Interesse. Der australische Moralphilosoph Peter Singer veröffentlichte sein 2011 in

---

[1] Bei der Darstellung des Siegener Falls folge ich der Schilderung des Sachverhaltes durch Dieter Schönecker ([2019] und [2021, 126–128]). Nach der Gegendarstellung des damaligen Dekans der Philosophischen Fakultät der Universität Siegen, Niels Werber, in einem Leserbrief an die *Siegener Zeitung* vom 07.04.2021 ist diese Darstellung Schöneckers faktisch falsch: „Wenn Dieter Schönecker in der Siegener Zeitung vom 19. März 2021 behauptet, das Dekanat seiner Fakultät habe ihn auf dem Wege der Streichung von Finanzmitteln ,rechtswidrig' in seiner Wissenschaftsfreiheit behindert, dann ist das falsch. Was Thilo Sarrazin, Marc Jongen (AfD) und andere ,dezidiert rechte Denker' angeht, die Schönecker in sein Seminar eingeladen hat, so hat ihm das Dekanat der Fakultät auf meine Anweisung hin am 4. Dezember 2018 mitgeteilt, ihm stünden neben den regulären Mitteln der Professur auf einem gesonderten Kontierungs-Element weitere 1519 EUR zur Verfügung. Mit diesem Geld sind dann die Honorare (je 500 Euro) für Sarrazin und Jongen beglichen worden" (Werber 2021).

dritter Auflage erschienenes Buch *Practical Ethics* erstmals 1979. In diesem Buch verteidigt Singer auf der Grundlage einer Speziesismus-Kritik und einer präferenzutilitaristischen Ethik hochumstrittene Thesen u. a. zu Abtreibung, Sterbehilfe und Infantizid. So vertritt er u. a. die Ansicht, dass die Tötung schwerstgeschädigter Neugeborener erlaubt sein sollte, wenn die Eltern diese Tötung wollen. Er schreibt Sätze wie: „Die Tötung eines behinderten Säuglings ist nicht moralisch gleichbedeutend mit der Tötung einer Person. Sehr oft ist sie überhaupt kein Unrecht" (Singer 2013, 300) und: „So scheint es, dass etwa die Tötung eines Schimpansen – alle übrigen Umstände als gleich vorausgesetzt – schlimmer ist als die Tötung eines menschlichen Wesens, welches aufgrund einer schweren geistigen Behinderung keine Person ist und nie sein kann" (Singer 2013, 186). Solche Sätze haben für heftigen Widerspruch, auch für Empörung gesorgt. Sie führten nicht nur zur inhaltlichen Ablehnung der Thesen Singers, sondern darüber hinaus auch zu dem – in den 80er und 90er Jahren weitgehend erfolgreichen – Versuch, Singer und andere, in Deutschland insbesondere Norbert Hoerster, an der Verbreitung ihrer Thesen zu hindern. Singer selbst hat im Anhang zur zweiten Auflage von *Practical Ethics* die Vorgänge dokumentiert (Singer 1994). Ein Seminar, das 1990 an der Universität Duisburg zu Singers Buch veranstaltet wurde, musste infolge von Protestaktionen durch Studierende abgebrochen werden. An der Universität Hamburg wurde zu Beginn der 90er Jahre die Besetzung einer Professur für Angewandte Ethik verhindert, weil einer der Bewerber in den Verdacht kam, mit Singers Thesen zu sympathisieren; sein Bewerbungsvortrag wurde von Studierenden zusammen mit Vertretern von Behindertenverbänden mit Trillerpfeifen und massiven Störungen des Vortrags unterbunden. Eine geplante Tagung der *Europäischen Gesellschaft für die Philosophie der Medizin* zu

Beginn der 90er Jahre konnte nicht stattfinden, weil die Teilnehmer:innen sich massiven Drohungen eines „Anti-Euthanasie-Forums" ausgesetzt sahen. Singer berichtet auch, wie kurzfristig bereits an ihn ausgesprochene Einladungen zu Vorträgen in Marburg und Dortmund zurückgezogen wurden und wie ein Vortrag in Saarbrücken durch ein Trillerpfeifenkonzert und Geschrei unterbrochen wurde. Ein Vortrag Singers in Zürich musste nach lautstarken Protestrufen und sogar tätlichen Angriffen auf Singer abgebrochen werden.

In Reaktion hierauf wurde auch die Forderung nach Redefreiheit für Singer und die ihm nahestehenden Philosoph:innen erhoben, insbesondere in der „Erklärung deutscher Philosophen zur sogenannten Singer-Affaire", deren Unterzeichner dafür eintraten, eine offene Diskussion über die von Singer angesprochenen Probleme zu gewährleisten und zu führen (Hegselmann/Merkel 1991, 327–330). Der in der „Singer-Affaire" deutlich werdenden Tendenz zur Einschränkung der Redefreiheit entgegentreten zu wollen war auch eines der Motive für die 1990 erfolgende Gründung der Gesellschaft für Analytische Philosophie durch Georg Meggle (vgl. Meggle 2019, ab Minute 15:49). Tendenziell hat sich die Atmosphäre der Diskussion um Singers Thesen seitdem beruhigt. Dennoch waren sie auch in jüngerer Zeit noch Stein des Anstoßes. 2015 wurde Singer von einem „Philosophiefestival" in Köln, der phil.Cologne, wieder ausgeladen, nachdem er seine Ansichten kurz zuvor in zugespitzter Form in einem Interview in der *NZZ* (Singer 2015) dargelegt hatte (zur Darstellung der Vorgänge vgl. Dear 2016). Dies führte zu einem Protest einiger deutscher Philosophieprofessor:innen, die die Ausladung Singers als eine „weltanschaulich charakterisierte Einschränkung dessen, was Philosophie sein soll und verhandeln darf", kritisierten und darin „eine verheerende Signalwirkung für die philosophische Diskussionskultur in Deutschland" sahen (Brendel et al. 2015).

1.2 „Freiheitseinschränkung": Wertung oder Beschreibung?

Die vier genannten Fälle werden im Allgemeinen als Fälle diskutiert, in Bezug auf die sich die Frage nach der Reichweite und den Grenzen der Meinungs- oder Rede- oder Wissenschafts*freiheit* stellt. (Worin sich diese Freiheitsformen im Einzelnen voneinander unterscheiden, wird noch zu erörtern sein; s. hierzu Abschn. 1.5, 2.5) Stellt, so wird gefragt, die Ausladung Georg Meggles eine Einschränkung seiner akademischen Freiheit dar? Wird die Meinungsfreiheit Kathleen Stocks eingeschränkt oder wird eine solche Einschränkung gefordert, wenn die Autoren des *Offenen Briefes* gegen die Preisverleihung an Stock Stellung nehmen oder wenn Studierende Protestaktionen gegen Stock organisieren? Stellt es eine Einschränkung der Wissenschaftsfreiheit dar, wenn eine Fakultät versucht, einem Lehrstuhlinhaber die Verwendung der ihm standardmäßig zugeteilten Gelder für die Finanzierung von Vorträgen von Sarrazin und Jongen zu untersagen? Wird Singers Redefreiheit eingeschränkt, wenn er von der phil.Cologne wieder ausgeladen wird, und falls dies der Fall ist, ist diese Einschränkung seiner Redefreiheit berechtigt? Auf die Verwendung der Ausdrücke „Freiheit" und „Freiheitseinschränkung" mag kaum einer der an der Diskussion Beteiligten verzichten. Schon in den Titeln von 17 der insgesamt 30 in den Sammelbänden von Özmen (2021a), Kostner (2022) und Lotter (2023a) versammelten Beiträge werden diese Ausdrücke zur Benennung des Problems verwendet. Das ist zunächst nicht weiter erstaunlich, denn, so wird man sagen, eben das ist ja das Thema der Auseinandersetzung um die genannten Fälle: die Frage nach der Reichweite bestimmter Formen von Freiheit und nach ihren Grenzen. Dennoch ist die Verwendung dieser Ausdrücke durchaus nicht unproblematisch.

Stellt man die Ausdrücke „Freiheit" und „Freiheitseinschränkung" in das Zentrum der Auseinandersetzung, sollte man Folgendes beachten. Diese Ausdrücke werden im Allgemeinen als Ausdrücke verwendet, die einen beschreibenden Gehalt haben, sich aber darin nicht erschöpfen, sondern auch wertend oder normativ sind. Sie sind, technisch gesprochen, *thick ethical concepts,* „inhaltsreiche moralische Ausdrücke" (vgl. hierzu z. B. Williams 1999, 197–203; Murdoch 2023, 22, 31). Wir verwenden sie, um etwas zu beschreiben, aber auch, um es zu werten oder in normativer Hinsicht z. B. als „gesollt" oder „nicht gesollt" einzustufen. Mit der wertenden oder normativen Bedeutungskomponente lässt sich erklären, dass wir den Ausdruck „Freiheit" im Allgemeinen zur Bezeichnung von etwas verwenden, was wir hochschätzen oder als erstrebenswert ansehen – zur Bezeichnung eines Ideals, eines anzustrebenden oder zu bewahrenden Zustands. Entsprechend verwenden wir den Ausdruck „Freiheitseinschränkung" im Allgemeinen zur Bezeichnung von etwas, was wir kritisieren, wovon wir glauben, dass es schlecht oder zu vermeiden sei. Kein Politiker könnte es sich leisten, im Wahlkampf den grundsätzlichen Wert der Freiheit der Bürger abstreiten zu wollen. Bezeichnen wir ein Land als „frei" oder sprechen von einer „freien Diskussionsatmosphäre", einer „freien Entscheidung" oder statt von einem „Selbstmord" von einem „Freitod", nehmen wir mit „frei" im Allgemeinen eine positive Wertung vor. Entsprechend wird mit den Ausdrücken „unfrei" und „Freiheitseinschränkung" im Allgemeinen eine negative Wertung ausgedrückt. Wie der deskriptive Bedeutungsanteil des

Ausdrucks „frei" zu bestimmen ist, worin also genau sein beschreibender Gehalt besteht und ob es überhaupt eine konstante deskriptive Bedeutung gibt, ist hochumstritten und macht den Kern der unzähligen Debatten um Freiheit aus. Peter Stemmer hat jüngst in kritischer Auseinandersetzung mit der Rede von „innerer Freiheit" folgenden Vorschlag unterbreitet: „Frei zu sein, bedeutet, tun zu können, was man will, was man selbst will, und unfrei zu sein, bedeutet, das tun zu müssen, was ein anderer will" (Stemmer 2022, 588). Er argumentiert plausibel für die These, dass sich alle anderen Bestimmungen von „frei" und „unfrei" auf eben diesen deskriptiven Kerngehalt zurückführen lassen.

Wird „Freiheitsbeschränkung" als *thick ethical concept* verwendet, gilt es, zwei naheliegende Fehler zu vermeiden. Der erste Fehler ist derjenige einer zirkulären Begründung des Urteils „Dies ist falsch" durch das Urteil „Dies ist eine Freiheitseinschränkung". Zur Veranschaulichung dieser Zirkularitätsgefahr ein Parallelbeispiel: Üblicherweise wird auch der Ausdruck „Mord" als *thick ethical concept* verwendet, also als ein Ausdruck, der ein deskriptives und ein wertendes oder normatives Bedeutungselement miteinander verbindet. „Mord" bezeichnet dann eo ipso etwas Schlechtes oder nicht Gesolltes. Verwendet man „Mord" in diesem Sinne, kann es z. B. ein Argumentations*ziel* sein zu zeigen, dass Abtreibung Mord ist. Man kann dann aber nicht zirkelfrei die Ansicht, dass Abtreibung falsch ist, damit begründen, dass Abtreibung Mord ist, da das Wertungs- bzw. normative Element bereits Teil der Verwendung von „Mord" ist. Zu sagen „Abtreibung ist falsch, weil Abtreibung Mord ist" heißt dann etwas wie „Abtreibung ist falsch, weil Abtreibung falsch ist". Verwendet man hingegen „Mord" – in Abweichung von der Alltagssprache – als rein deskriptiven Ausdruck und bezeichnet damit das Vorliegen bestimmter Tatbestandsmerkmale, ist die Begründung „Abtreibung ist falsch, weil Abtreibung Mord ist" nicht zirkulär. Sie provoziert dann aber weiteren Begründungsbedarf, denn sie ist dann enthymematisch, enthält also eine unterdrückte Prämisse. Diese unterdrückte Prämisse lautet: „Eine durch die Tatbestandsmerkmale für Mord gekennzeichnete Handlung ist immer falsch". Eben diese Prämisse bedürfte dann noch einer Begründung.

Ebenso gilt: Wenn „Freiheitseinschränkung" als *thick ethical concept,* also (auch) wertend verwendet wird, kann eine Freiheitseinschränkung nicht als Grund dafür ins Feld geführt werden, dass (z. B.) die Ausladung einer Person von einer wissenschaftlichen Konferenz falsch ist. Es kann dann zwar ein Argumentations*ziel* sein zu zeigen, dass eine Freiheitseinschränkung in eben diesem Sinne vorliegt, aber man kann sich dann nicht zirkelfrei auf eine Freiheitseinschränkung als auf eine Begründungsgrundlage für ein Falschheitsurteil berufen. Zirkulär ist es dann zu argumentieren, dass eine Handlung falsch sei, *weil* sie eine Freiheitseinschränkung ist, denn das normative oder wertende Element ist dann ja schon in den Begriff der Freiheitseinschränkung eingeschrieben. „Die Ausladung dieser Person ist falsch, weil sie eine Freiheitseinschränkung ist" heißt dann ungefähr so viel wie: „Die Ausladung dieser Person ist falsch, weil sie falsch ist". Eine Freiheitseinschränkung ist dann eo ipso etwas Schlechtes oder zu Vermeidendes, kann also ein Falschheitsurteil nicht zirkelfrei begründen. Verwendet man andererseits „Freiheitseinschränkung" rein deskriptiv zur Bezeichnung bestimmter Handlungsmerkmale, enthält die Aussage „Die Ausladung dieser Person ist falsch, weil sie eine Freiheitseinschränkung ist" eine unterdrückte Prämisse, nämlich „Bei Vorliegen dieser Handlungsmerkmale für Freiheitseinschränkungen ist eine Handlung falsch". Diese unterdrückte Prämisse bedarf dann ihrerseits einer Begründung.

Der zweite zu vermeidende Fehler ist derjenige, den man in der Metaethik als „naturalistischen Fehlschluss" zu diagnostizieren pflegt (vgl. hierzu z. B. Birnbacher 2013, 360–369). Er bestünde darin, aus dem Vorliegen der Beschreibungsmerkmale, die durch den deskriptiven Gehalt des Ausdrucks „Freiheitseinschränkung" festgelegt werden, auf die Anwendbarkeit des Ausdrucks in seiner (auch) wertenden oder normativen Verwendungsweise schließen zu wollen. Man schließt dann von „Dies ist der Fall" auf „Dies ist schlecht" oder „Dies ist verboten" und begeht damit den Fehler, den George Edward Moore – in exegetischer Hinsicht vermutlich zu Unrecht – dem Utilitaristen John Stuart Mill attestierte, indem er ihm vorwarf, den Utilitarismus über einen unberechtigten Schluss von „wird gewünscht" auf „ist wünschenswert" begründet zu haben (vgl. Moore 1970, 108–112 [Abschn. 39, 40], mit Bezug auf Mill 2006, 104–107). Diesen Fehler zu begehen ist im Falle der Verwendung von „Freiheitseinschränkung" durchaus naheliegend, weil es neben der Verwendungsweise dieses Ausdrucks als *thick ethical concept* auch eine rein deskriptive Verwendungsweise gibt. Dies lädt dazu ein, beide Verwendungsweisen miteinander zu verwechseln oder unbemerkt von der einen zur anderen überzugehen. Legt man die rein beschreibende Verwendungsweise von „Freiheitseinschränkung" zugrunde, so ist „Dies ist eine Freiheitseinschränkung" eine Tatsachenfeststellung, die keine wertende oder normative Aussage impliziert, von der aber auch nicht ohne weitere Begründung zu einer wertenden oder normativen Aussage übergegangen werden kann. Folgt man z. B. dem oben erwähnten Vorschlag Stemmers, denjenigen „unfrei" zu nennen, der „nicht tun kann, was er will", so ist klar, dass man etwas in einem rein deskriptiven Sinne eine Freiheitseinschränkung nennen kann, ohne es negativ zu werten oder als nicht gesollt anzusehen. Der zu Recht verurteilte und inhaftierte

Straftäter ist „unfrei", und seine Freiheit ist zweifelsfrei eingeschränkt, aber man hat Gründe, diese Freiheitseinschränkung nicht negativ zu werten. Setzt jemand sich im Bus auf den letzten freien Sitzplatz, sind andere Personen nicht mehr frei, diesen Sitzplatz einzunehmen; sie können es, auch wenn sie es wollen, nicht tun. Insofern schränkt die Person die Freiheit der anderen, den Sitzplatz einzunehmen, ein. Aber das heißt nicht, dass ihr Tun deswegen falsch wäre. Das Vorliegen einer Freiheitseinschränkung rechtfertigt hier offensichtlich nicht die Anwendung des Ausdrucks „Freiheitseinschränkung" als eines (auch) wertenden oder normativen Ausdrucks. So ist es auch fraglos der Fall, dass Peter Singers und Georg Meggles Freiheit, genauer: ihre Redefreiheit, durch ihre Ausladungen eingeschränkt wurde, aber es ist eben nur in einem rein deskriptiven Sinne von „Freiheitseinschränkung" *fraglos* der Fall. Daher erlauben Aussagen wie „Georg Meggles Redefreiheit wurde eingeschränkt" – insofern sie als offensichtlich wahre Sätze präsentiert werden, was nur dann der Fall ist, wenn „Freiheitseinschränkung" rein deskriptiv verwendet wird – keinen Rückschluss darauf, dass diese Freiheitseinschränkung falsch gewesen oder negativ zu werten sei. Die Frage, ob eine Freiheitseinschränkung falsch ist, ist, verwendet man „Freiheitseinschränkung" rein deskriptiv, immer als eine offene Frage anzusehen. Sie wird niemals allein durch das Vorliegen der Beschreibungsmerkmale beantwortet, auf die sich dieser Ausdruck bezieht.

Nicht selten werden die beiden genannten Fehler in Kombination miteinander begangen. Es wird dann suggeriert, mit dem Ausdruck „Freiheitseinschränkung" eine Begründungsleistung erbracht zu haben, die de facto nicht erbracht wurde. Einen Beleg hierfür bot die Verwendung des Ausdrucks „Freiheitseinschränkung" in der Corona-Krise. Zweifellos *gab* es in der Corona-Krise Freiheitseinschränkungen wie Kontaktbeschränkungen oder die Maskenpflicht. Die Durchsetzung der Maskenpflicht oder von Kontaktverboten waren Freiheitseinschränkungen, denn sie bedeuteten, dass Menschen nicht das tun konnten, was sie tun wollten. Ob aber diese Freiheitseinschränkungen richtig oder falsch waren, ist mit dem bloßen Hinweis darauf, dass es sich um Freiheitseinschränkungen handelte, nicht gesagt. Das wird verschleiert, wenn der Hinweis auf das Vorliegen einer Freiheitseinschränkung als Kritik formuliert und damit die wertende Verwendung von „Freiheitseinschränkung" ins Spiel gebracht, gleichzeitig aber weiterhin suggeriert wird, dass man ohne weitere Gründe einfach *feststellen* könne, dass eine Freiheitsbeschränkung auch in diesem wertenden Sinne vorliegt. Mit dem Ausruf „Das ist eine Freiheitseinschränkung!" versucht man dann, sowohl den Eindruck zu vermitteln, faktisch zu sprechen, als auch, eine Wertung auszudrücken und zu suggerieren, die Korrektheit der Wertung sei eine bloße Tatsachenfrage. Aber das ist nicht der Fall. *Wenn* man mit „Dies ist eine Freiheitseinschränkung!" eine Wertung ausdrückt, ist diese eben nicht durch die Tatsache, dass eine Freiheitseinschränkung vorliegt, begründet, weil in der (auch) wertenden und in der rein faktischen Aussage unterschiedliche Bedeutungen von „Freiheitseinschränkung" in Anspruch genommen werden.

Grundsätzlich gilt also: Entweder verwendet man „Freiheitseinschränkung" in einem nicht nur beschreibenden, sondern auch wertenden Sinne, und dann gilt es, Argumente dafür anzuführen, dass eine Freiheitseinschränkung in eben diesem Sinne vorliegt. Diese Argumente müssen dann unabhängig von der Berufung auf Freiheitseinschränkungen in eben diesem Sinne sein, da die Begründung andernfalls zirkulär würde. Oder man verwendet den Ausdruck „Freiheitseinschränkung" in einem rein beschreibenden Sinne, dann aber ist es auch als eine offene Frage anzusehen, ob eine so bezeichnete Freiheitseinschränkung falsch ist, und dies ist nicht schon durch die Feststellung, dass eine Freiheitseinschränkung vorliegt, begründet. In beiden Fällen gilt: Eine Handlung kann nicht berechtigterweise als falsch bezeichnet werden, *weil* sie eine Freiheitseinschränkung darstellt. Wer sagt: „Diese Handlung ist eine Freiheitseinschränkung!", hat zur Beantwortung der Frage, ob die fragliche Handlung richtig oder falsch ist, nichts getan. Entweder hat er ein Argumentations*ziel* formuliert, und dann steht ein Gespräch darüber, ob eine Freiheitseinschränkung in diesem Sinne vorliegt, erst am Anfang. Oder er hat eine Feststellung über eine Tatsache getroffen, und auch dann muss er noch Argumente dafür anführen, dass die so bezeichnete Freiheitseinschränkung falsch ist.

1.3   Die Verwendung von „Freiheitseinschränkung" als persuasive Definition

Die Möglichkeit, „Freiheitseinschränkung" entweder als *thick ethical concept* oder rein beschreibend zu verwenden, lädt nicht nur dazu ein, von der rein beschreibenden Aussage „Dies ist eine Freiheitseinschränkung" fälschlich auf eine normative oder wertende Aussage zu schließen, sondern begünstigt auch die Verwendung des Ausdrucks „Freiheitseinschränkung" in einer *persuasiven Definition,* d. h. eine Verwendung, bei der das wertende Bedeutungselement als Vehikel benutzt wird, um den Anwendungsbereich eines Ausdrucks festzulegen und damit eine Wertung der Phänomene vorzunehmen, die unter den Ausdruck fallen, bei der aber scheinbar faktisch gesprochen wird. Eine „persuasive Definition" ist kein Fehlschluss, sondern ein rhetorischer Kunstgriff, um unter der Hand die

Zustimmung zu einer Wertung einzuholen (vgl. hierzu die klassische Analyse bei Stevenson 1944, 206–226 [Kap. IX]). Mit einer persuasiven Definition wird der deskriptive Gehalt eines wertenden Ausdrucks gegenüber der bisherigen Verwendungsweise *neu* festgelegt; da aber gleichzeitig – begünstigt durch die oberflächensprachliche Form der Aussage – suggeriert wird, dass man faktisch spreche, wird auch der (unberechtigte) Eindruck der Objektivität erweckt. Wer persuasiv definiert, holt vorgeblich die Zustimmung zu einer konstativen Aussage, de facto aber die Zustimmung zu einer Wertung ein. Persuasive Definitionen sind in der politischen Rhetorik mit stark emotional getönten und werthaft besetzten Ausdrücken wie „Demokratie", „Terrorismus", „Diskriminierung" und eben auch „Freiheit" gang und gäbe. „Das Heizungsgesetz ist undemokratisch!" kann die Politikerin ausrufen und dadurch sowohl die Zustimmung zur negativen Bewertung des Gesetzes einzuholen versuchen als auch suggerieren, sie würde damit eine Tatsachenaussage machen. Um die in der Corona-Krise diskutierte Impfpflicht zu diskreditieren, war es probat, sie als „diskriminierend" zu bezeichnen. Handlungen lassen sich bequem dadurch als indiskutabel kennzeichnen, dass sie als „Akte des Terrorismus" bezeichnet werden. Mit diesen Aussagen werden die Anwendungsbereiche von wertenden Ausdrücken wie „undemokratisch", „diskriminierend" und „terroristisch" festgelegt, gleichzeitig aber wird pseudo-objektiv, scheinbar faktisch gesprochen.

Solche persuasiven Definitionen werden dadurch ermöglicht, dass wir *mittels* der wertenden Bedeutungskomponente eines Ausdrucks dessen deskriptiven Gehalt verschieben oder überhaupt erst festlegen können. Wer z. B. sagt: „Krawattenträger sind Spießer", wertet Krawattenträger aufgrund der wertenden Komponente von „Spießer". Durch diese Wertung wird aber auch der Begriffsumfang von „Spießer" festgelegt: Krawattenträger fallen nunmehr unter diesen Begriff. Und analog gilt: Wer sagt: „X ist eine Freiheitseinschränkung", kann mittels der evaluativen Komponente des Ausdrucks „Freiheitseinschränkung" dessen deskriptiven Gehalt festlegen. Die Wertung von X als Freiheitseinschränkung stellt dann zugleich eine neue Festlegung des Begriffsumfangs dar.

Eine persuasive Definition kann auch als Voraussetzung in nicht-konstative Sprechhandlungen, etwa in Fragen, eingehen. So pflegt das Meinungsforschungsinstitut Allensbach in seinen jährlichen Erhebungen folgende Frage zu stellen: „Haben Sie das Gefühl, dass man heute in Deutschland seine Meinung frei sagen kann, oder ist es besser, vorsichtig zu sein?". Die Antwort auf diese Frage wird häufig als Indikator für den Stand der „Meinungsfreiheit" in Deutschland aufgefasst (so bei Kostner 2023, 99 f.; kritisch zu dieser Frage hingegen Lotter 2023b, 39 f.). Aber selbst wenn man einmal davon absieht, dass es eine erhebliche Differenz zwischen „sich frei (oder unfrei) fühlen" und „frei (oder unfrei) sein" gibt – nicht jeder, der sich unfrei fühlt, ist es auch –, ist festzuhalten, dass durch die Verwendung des Wortes „oder" in der genannten Frage vorausgesetzt wird, dass jemandes Freiheit, sich zu äußern, eingeschränkt würde, wenn es „besser [ist], vorsichtig zu sein". Das ist eine persuasive Definition von „Freiheitseinschränkung", die zu einer von der alltagssprachlich gängigen Verwendung dieses Ausdrucks sehr abweichenden Festlegung seines deskriptiven Gehalts führt. Es ist eine sehr exzentrische Verwendung von „Freiheitseinschränkung", immer dann von einer Freiheitseinschränkung zu sprechen, wenn es „besser ist, vorsichtig zu sein". Es gibt häufig sehr gute Gründe dafür, „vorsichtig zu sein", etwa solche der Rücksichtnahme auf andere, ohne dass eine Freiheitseinschränkung vorläge. Wenn ich mich mit meinem adipösen Freund treffe, werde ich „vorsichtig sein",

Bemerkungen über seinen oder irgendjemandes Leibesumfang zu machen, was nicht heißt, dass ich in meiner Freiheit, eben dies zu tun, dadurch eingeschränkt wäre. Wenn ich es tun will, kann ich es tun. Daran ändert auch die Tatsache nichts, dass ich in diesem Fall die sozialen Kosten tragen muss, ihn zu verletzen, denn auch diese Kosten bedeuten nicht, dass ich tun muss, was ein anderer will. Sie machen die Ausübung meiner Freiheit kostspieliger, schränken sie aber nicht ein. Sich an diese persuasive Definition von „Freiheitseinschränkung" zu halten und dann – das aus dem Hut holend, was man vorher hineingezaubert hat – auf Fälle, in denen man „aufpassen muss, wie man sich zu etwas äußert", als *Belege* für Freiheitseinschränkungen zu verweisen ist ein Taschenspielertrick: Man definiert zunächst einen Ausdruck so, dass er auf einen bestimmten Phänomenbereich Anwendung findet, um dann triumphierend festzustellen, dass dieser Phänomenbereich unter eben diesen Ausdruck subsumierbar ist.

Die Möglichkeit, die Ausdrücke „Freiheit" und „Freiheitseinschränkung" persuasiv zu definieren, kann erklären, warum diese Ausdrücke im öffentlichen Raum weitgehend sinnentleert verwendet werden und gefahrlos sowohl für Zigarettenreklame als auch für politische Werbezwecke eingesetzt werden können (vgl. hierzu z. B. Seebaß 2006, 247). „Freiheit" und „Freiheitseinschränkung" lassen sich in deskriptiver Hinsicht praktisch beliebig bestimmen. Sie lassen sich daher auch für konträre Positionen in Anspruch nehmen. Das gilt auch im akademischen Raum: Den Vorwurf antizipierend, dass die Ausladung Georg Meggles eine Einschränkung der Wissenschaftsfreiheit darstelle, verweist der GAP-Vorstand in seiner oben zitierten Stellungnahme darauf, dass er gerade bei seiner Entscheidung, Georg Meggle auszuladen, „in Ausübung der Wissenschaftsfreiheit" gehandelt habe. Ähnlich wie die Berufung auf „Menschenwürde" kann die

Berufung auf die Verteidigung oder Ausübung von „Freiheit" von entgegengesetzten Positionen gleichermaßen reklamiert und für eine Ausladung einer Person ebenso wie gegen sie ins Feld geführt werden. Diese Beliebigkeit der Rede von „Freiheit" und „Freiheitseinschränkung" kann auch ein Argument dafür sein, die zentrale Rolle des Freiheitsbegriffes in unserer politischen Grundverfassung zu hinterfragen (vgl. hierzu auch Bittner 2017, 8–52 [Kap. II]).

Eine persuasive Definition von „Freiheitseinschränkung" kann dazu führen, dass dieser Ausdruck mit dem *Ziel* verwendet wird, genau die Phänomene, die mittels dieser persuasiven Definition als in den Anwendungsbereich des Ausdrucks fallend festgelegt werden, negativ zu werten und dadurch zu stigmatisieren. Deutlicher noch als bei „Freiheitseinschränkung" ist dies bei „cancel culture", denn dieser Ausdruck wird, anders als „Freiheitseinschränkung", in der Alltagssprache ausschließlich wertend verwendet; es gibt keine rein beschreibende Verwendungsweise des Ausdrucks „cancel culture". Deskriptiv ist er weitgehend unbestimmt und wird daher häufig ohne Differenzierung zur Bezeichnung so heterogener Phänomene wie Ächtung, sozialer Ausgrenzung und sogar Tötung verwendet (so bei Nida-Rümelin 2023). Es springt geradezu ins Auge, dass der Ausdruck „cancel culture" zur Ausgrenzung dessen verwendet wird, was als indiskutabel gekennzeichnet werden soll (vgl. hierzu auch Schönecker 2023, 190). Wird z. B. der *Offene Brief* gegen Stock als „cancel culture" etikettiert, wird er durch die Verwendung dieses Ausdrucks als falsch und indiskutabel markiert. Eine ergebnisoffene Diskussion darüber, ob ein solcher Brief richtig oder falsch, angemessen oder unangemessen ist, ist dann nicht mehr möglich – denn „cancel culture" ist per se negativ besetzt. Der Ausdruck „cancel culture" übernimmt ironischerweise genau die Funktion der Ausgrenzung und Stigmatisierung nicht erwünschter Ansichten, die mit der Verwendung dieses Ausdrucks kritisiert werden soll. Wer von „cancel culture" spricht, praktiziert das, was er mit der Verwendung des Ausdrucks zu kritisieren vorgibt. Er täte daher besser daran, seine – möglicherweise berechtigte – Kritik ohne Verwendung des Ausdrucks „cancel culture" zu formulieren.

Ein zentraler und häufig zu beobachtender Anwendungsfall der persuasiven Verwendung von Ausdrücken wie „Freiheitseinschränkung" und „cancel culture" besteht darin, dass diese Ausdrücke auf die *Äußerung der Ansicht* einer Person bezogen werden, dass Redehandlungen einer anderen Person eingeschränkt oder unterbunden werden *sollten*. Plädiert z. B. eine Person – aus was für Gründen auch immer – dafür, dass Kathleen Stock, Georg Meggle, Peter Singer oder andere bei einer wissenschaftlichen Konferenz nicht sprechen oder von ihr ausgeladen werden sollten, so ist es nicht ungewöhnlich, dieser Person vorzuhalten, dass sie „cancel culture" praktiziere. Dieser Vorwurf ist aber abwegig, denn die bloße Ansicht, dass jemand nicht sprechen sollte, ist keine Verhinderung einer Redehandlung; auch die Äußerung dieser Ansicht ist es nicht. „Gecancelt" wird hier gar nichts. Mit der Äußerung der Ansicht, dass jemandes Redefreiheit eingeschränkt werden *sollte,* wird niemandes Redefreiheit eingeschränkt, so wenig wie mit der Äußerung der Ansicht, dass die Todesstrafe praktiziert werden *sollte,* eine Todesstrafe vollstreckt wird. Ob z. B. Sarrazins und Jongens Redefreiheit eingeschränkt wird oder nicht, bemisst sich ausschließlich daran, ob sie reden können oder nicht. Wenn sie es können und im Vorfeld eine Person die Ansicht vertritt, dass Sarrazin nicht reden sollte, schränkt diese Person mit der Äußerung dieser Ansicht Sarrazins Redefreiheit nicht ein. Es gilt hier also, an eine im Grunde triviale und unmittelbar einsichtige Differenz zu erinnern: diejenige zwischen dem Tun von X und der Äußerung der Ansicht, dass X getan werden sollte. Eine Freiheitseinschränkung kann in denjenigen Handlungen, durch die Redehandlungen unterbunden werden, bestehen, aber niemals in der bloßen Äußerung der Ansicht, dass eben diese Handlungen vollzogen werden sollten.

Vielmehr gilt es, die Ansicht, dass eine Person in ihrer Redefreiheit beschränkt werden sollte – statt sie persuasiv als „Einschränkung der Redefreiheit" zu definieren –, als eine Ansicht, als eine Meinung unter vielen, anzusehen, die in einer liberalen Demokratie dem Test der Argumente auszusetzen und zu diskutieren ist. Gerade unter den Prämissen derer, die die Redefreiheit verteidigen, sollte diese Meinung auch dann gehört und diskutiert werden, wenn sie den eigenen Ansichten – den Ansichten der Liberalen, die sich für eine Redefreiheit der Person einsetzen – widerspricht. Dass die Verteidiger der Redefreiheit nicht selten vehement – und dies zu Recht – fordern, dass grundsätzlich jede, auch eine politisch unbotmäßige oder anstößige Meinung gehört und diskutiert werden sollte, aber die Meinung, dass die Redefreiheit einer Person eingeschränkt werden sollte, statt diese ebenfalls gelassen als zu diskutierende Meinung zu akzeptieren, persuasiv als „cancel culture" oder „Einschränkung der Redefreiheit" definieren und damit aus dem Bereich der zu diskutierenden Meinungen ausgrenzen, ist irritierend.

Eine solche Ausgrenzung unerwünschter Meinungen durch Verwendung der Ausdrücke „cancel culture" und „Einschränkung der Redefreiheit" ist durchaus gängig. Folgende Fallkonstellation ist nicht ungewöhnlich: A lädt B zu einem Vortrag im Rahmen einer wissenschaftlichen Veranstaltung ein. B ist eine umstrittene Person, die anstößige, vielleicht auch verletzende Äußerungen gemacht hat, und es ist zu erwarten, dass seine Äußerungen die moralische Empörung einiger Zuhörer provozieren werden. C spricht sich gegen Bs Einladung aus. Bs Äußerungen seien diskriminierend oder kränkend oder würden Anstoß erregen, daher solle man von einer Einladung Bs Abstand nehmen. D springt nun B (und dem B einladen wollenden Kollegen A) zur Seite, indem er C dafür kritisiert, „cancel culture" zu propagieren und die Redefreiheit Bs und die Wissenschaftsfreiheit As, der B einladen will, einzuschränken. – Unabhängig davon, ob man A oder C hinsichtlich der Frage, ob B eingeladen oder nicht eingeladen werden sollte, recht gibt, ist Ds an C gerichteter Vorwurf, er schränke die Redefreiheit ein oder praktiziere „cancel culture", abwegig. C tut das nicht. Er bringt lediglich die Meinung zum Ausdruck, dass man B nicht einladen *sollte*. Das ist eine Meinung unter vielen, die durch das Recht auf Meinungsfreiheit gedeckt ist und die gerade die Verteidiger der Meinungsfreiheit *nicht* durch Ausdrücke wie „cancel culture" und „Einschränkung der Redefreiheit" denunziert sehen zu wollen Anlass hätten.

Die Ausdrücke „cancel culture" und „Einschränkung der Redefreiheit" können so eingesetzt werden – und werden es oft –, um jemanden in der Weise an der Äußerung einer Ansicht – nämlich der Ansicht, dass eine andere Person nicht reden sollte – zu hindern, dass schon die Äußerung eben dieser Ansicht mittels einer persuasiven Definition als „Einschränkung der Redefreiheit" gebrandmarkt wird – als sei die Äußerung, mit der sich jemand für eine Praxis ausspricht, nicht zu unterscheiden von der Praxis selbst. „Das wird man doch noch sagen dürfen!" ruft im Allgemeinen derjenige aus, der es gerade gesagt hat und folglich auch sagen konnte. Wenn z. B. A meint, dass die Corona-Pandemie eine Erfindung machtgieriger Eliten war und es das Coronavirus nicht gab, B hingegen meint, dass die Meinung As falsch ist und es daher auch falsch sei zu sagen, dass es das Coronavirus nicht gab, dann ist B anderer Meinung als A. Wenn A seine Meinung äußert und B wiederum seine Meinung äußert, dass die Meinung As falsch ist, widerspricht B dem A. Wenn aber A, nachdem B seine Meinung geäußert hat, mit einem entrüsteten: „Aber das wird man doch noch sagen dürfen!" reagiert, unterstellt er B, dieser habe versucht, ihn an der Äußerung seiner Meinung zu hindern, was überhaupt nicht der Fall ist. Natürlich *durfte* A sagen, was er dachte. Er hat es ja auch getan. Das bestreitet auch B nicht. B war nur anderer Meinung als A und war so frei, es ebenfalls zu sagen. As Ausruf hat dann die Funktion, B von der Äußerung einer Meinung, die derjenigen As widerspricht, abzuhalten, da diese Äußerung persuasiv als Einschränkung der Redefreiheit markiert und damit in den Bereich des Fragwürdigen, der „cancel culture" und der Bedrohung einer freien Diskussionskultur gerückt wird. Und entsprechend gilt: Wird der Ausdruck „Einschränkung der Redefreiheit" mittels einer persuasiven Definition in vorauseilender Empörungsbereitschaft auf die bloße Äußerung der Ansicht, dass man eine Redehandlung einschränken sollte, ausgedehnt, wird damit versucht, eine ergebnisoffene Diskussion eben dieser Ansicht zu unterbinden. Die Rede von der „Einschränkung der Redefreiheit" wird dann zur bloßen Denunziationsrhetorik.

1.4   Freiheitsrechte

Flankiert wird die Rede von „Freiheitseinschränkung" häufig von der Berufung auf Freiheitsrechte. Damit können juristische, also positivrechtliche, oder moralische Rechte gemeint sein. Ist ersteres der Fall, beruft man sich meist auf Art. 5 des Grundgesetzes, der das „Recht, seine Meinung in Wort, Schrift und Bild frei zu äußern und zu verbreiten" garantiert und die Wahrnehmung dieses Rechts lediglich an die Treue zur Verfassung bindet und in dem es zudem heißt: „Kunst und Wissenschaft, Forschung und Lehre sind frei". Allerdings ist mit der pauschalen Berufung auf Art. 5 GG die Frage nicht beantwortet, welche Handlungsweisen denn als dadurch geschützt zu gelten haben. Da das juristische Recht auf Redefreiheit „keine monolithische Entität" ist, sondern „ein Prinzip mit positiven und negativen Implikationen, das in der Praxis einer Feinausrichtung bedarf" (Himpsl 2021, 12), muss noch die Frage beantwortet werden, welche Handlungsweisen unter das Prinzip zu subsumieren sind, um es handlungsanleitend zu machen (als ausführliche Untersuchung der Schwierigkeiten der Konkretion des Art. 5 Abs. 3 GG im Wissenschaftsbetrieb vgl. Bauer 1980). Im Allgemeinen wird man weder die Nicht-Einladung einer Person zu einer Konferenz noch die Rücknahme einer bereits erfolgten Einladung an eine Person unter die Handlungen subsumieren, die dem durch Art. 5 GG geschützten Recht, seine Meinung zu verbreiten, entgegenstehen, denn aus diesem Abwehrrecht ergibt sich kein positives Anspruchsrecht darauf, bei einer bestimmten Veranstaltung sprechen zu können. Selbst bei der Verhinderung eines Vortrages durch Gewalt wird sich häufig die Frage stellen, ob diese nicht als Verstoß gegen die körperliche Unversehrtheit der Person nach Art. 2 GG einzustufen und *deswegen,* nicht aber als Verstoß gegen Art 5 GG verboten ist. Zudem bedarf es bei der Anwendung von Art. 5 GG der Abwägung der Meinungsfreiheit mit allgemeinen Persönlichkeitsrechten und anderen positivrechtlichen Normen, etwa dem in § 185 StGB festgeschriebenen Verbot der Beleidigung. Zwar ist eine Verurteilung nach § 185 StGB nur dann verfassungsgemäß, wenn dabei Art. 5 GG hinreichend berücksichtigt wurde, aber auch wenn eine von Art. 5 geschützte Äußerung vorliegt, ist es möglich, dass im konkreten Fall das Gewicht der persönlichen Ehre des Betroffenen die Meinungsfreiheit des sich Äußernden überwiegt. Ob dies der Fall ist oder nicht, ist Gegenstand einer

Abwägungsentscheidung. Die pauschale Berufung auf Art. 5 GG zur Begründung etwa des Rechts einer Person, bei einer Veranstaltung zu sprechen, oder von ihr nicht nach erfolgter Einladung wieder ausgeladen zu werden, trägt daher nicht; noch weniger trägt sie zur Begründung der Ansicht, dass nicht andere gegen die Redehandlungen dieser Person protestieren oder ihrerseits die Ansicht kundtun dürften, dass diese Person nicht zu einer Veranstaltung eingeladen werden sollte (zur begrenzten Tragweite der Berufung auf Art. 5 GG vgl. auch Himpsl 2021 und Jaster/Keil 2021, 142–144).

Ist mit dem Freiheitsrecht kein positivrechtliches, sondern ein moralisches Recht gemeint, so kann dieses moralische Recht entweder als Prima-facie-Recht oder als absolutes Recht konzipiert werden (vgl. hierzu z. B. Birnbacher 2013, 128–133). Moralische Prima-facie-Rechte sind moralische Rechte, die „beim ersten Anblick" (prima facie) bestehen, aber durch entgegenstehende Gründe überwogen werden können. Gesteht man Kathleen Stock, Thilo Sarrazin und Marc Jongen, Peter Singer und Georg Meggle ein moralisches Prima-facie-Recht zu, bei einer bestimmten Veranstaltung zu sprechen, kann es durch entgegenstehende Gründe überwogen werden. Dazu können Kränkungen von Personengruppen oder andere soziale Folgen der Redehandlungen, etwa die direkte oder indirekte Förderung von Diskriminierungen, gehören. Es bedarf dann einer Abwägung, um zu entscheiden, ob Gegengründe dieser Art stark genug sind, um eine Einschränkung des Prima-facie-Rechts auf Redefreiheit zu begründen. Für die Annahme, dass es ein solches Prima-facie-Recht auf Redefreiheit gibt, gibt es überzeugende Argumente (s. hierzu Abschn. 3.1), aber das Bestehen dieses Rechts wird nicht dadurch in Frage gestellt, dass es im Einzelfall anderen Erwägungen untergeordnet wird. Versteht man das moralische Freiheitsrecht hingegen als absolutes Recht, kann es nicht durch Gegengründe außer Kraft gesetzt und darf nicht verletzt werden. In diesem Fall ist aber die Frage zu stellen, ob ein solches absolutes Recht tatsächlich vorliegt. Dies kann nicht einfach reklamiert, sondern muss begründet werden. So wie man in der Corona-Krise das Recht, sich abends mit 30 Freunden zu treffen, oder das Recht, eine schöne Nase nicht mit einer Maske bedecken zu müssen, als Prima-facie-Rechte, aber nicht als absolute, nicht zu verletzende Rechte anerkannt hat, wird man im Allgemeinen auch keine Gründe dafür sehen, Rederechte als absolute Rechte anzusehen. Warum sollte Sarrazins moralisches Recht, bei einer Veranstaltung zu sprechen, als ein absolutes Recht aufgefasst werden? Warum sollte Singers Recht, seine Ansichten zu bioethischen Fragen vorzutragen, schon a priori, *als* Recht, gewichtiger sein als die möglicherweise auftretenden negativen Folgen in Form von Kränkungsgefühlen oder der Verstärkung von Diskriminierungen? Ein solches absolutes Recht einfach zu behaupten ist schlichter Dogmatismus. Darum ist die Berufung auf Freiheitsrechte zur Durchsetzung von Redehandlungen auch dann nicht überzeugend, wenn diese als moralische Rechte aufgefasst werden.

1.5 Plädoyer für einen Verzicht auf das F-Wort

Insgesamt ist festzustellen: Diejenigen, die im Sinne der Verteidigung der Rede- und Meinungsfreiheit die Rhetorik der Freiheitseinschränkung bemühen, reproduzieren damit ironischerweise genau das, was sie scharfsinnig und zutreffend kritisieren. Ihre Kritik richtet sich gegen die Ausgrenzung unangepasster, politisch nicht opportuner, vielleicht anstößiger und kränkender Meinungen. Sie appellieren an die Notwendigkeit, in einer liberalen Demokratie widerstreitende Meinungen kontrovers diskutieren und dem Test der besseren Argumente aussetzen zu können, um zu Erkenntnis zu gelangen – und wer wollte ihnen darin widersprechen? Insofern sie aber die Ansicht, dass die Redehandlungen einer Person eingeschränkt werden sollten – statt diese als eine der vielen zu diskutierenden und zu prüfenden Ansichten zu akzeptieren – persuasiv als „Freiheitseinschränkung" oder „cancel culture" definieren, fallen die Verteidiger der Redefreiheit selbst in genau die ideologischen Muster zurück, die sie kritisieren.

Das betrifft zum einen die Technik des *concept creeping,* also der Ausweitung wertender Ausdrücke über ihren Kernbereich hinaus auf einen weiteren Phänomenbereich, der damit werthaft besetzt wird, so dass eine ergebnisoffene und von Präjudizierungen freie Diskussion über die so bezeichneten Phänomene nicht mehr möglich ist. So wird zu Recht auf die problematische Ausdehnung von Ausdrücken wie „Gewalt", „Mobbing", „Hass" oder „Trauma" über ihren Kernbereich hinaus hingewiesen (vgl. Lotter 2021, 78–87, und 2023c, 157–161; Kostner 2023, 103). Bezeichnet z. B. „Trauma" jede negative Nachwirkung eines als belastend empfundenen Ereignisses, kann dies dazu führen, dass eine besondere Schutzbedürftigkeit der dann als „traumatisiert" beschriebenen Personen reklamiert wird, die ein noch nachwirkendes belastendes Ereignis erfahren haben. Diese kann dann als Grund dafür angeführt werden, Äußerungen zu unterbinden, die mit Verletzungen dieser dann als besonders „vulnerabel" geltenden Personengruppen einhergehen können – wobei auch „Verletzung" ein problematisch dehnbarer Ausdruck ist. So plausibel diese Kritik am *concept creeping* ist, gilt aber auch, dass die Verteidiger der Redefreiheit selbst *concept creeping* durch persuasive Definitionen von Ausdrücken wie „Einschränkung der Redefreiheit", „cancel culture" oder auch „Verbannungskultur" (Schönecker 2023) praktizieren. Auch diese Ausdrücke werden eingesetzt, um einen Phänomenbereich werthaft zu besetzen, den man auch neutral beschreiben könnte. Und auch sie können eingesetzt werden (und werden es im Allgemeinen), um eine ergebnisoffene Diskussion über die Phänomene, die dann als „cancel culture" oder „Einschränkung der Redefreiheit" beschrieben werden, zu verhindern. Die Verteidiger der Redefreiheit reproduzieren damit die von ihnen kritisierte Technik des *concept creepings*.

Eine weitere Ähnlichkeit zwischen den „liberalen" Verteidigern der Redefreiheit und denjenigen, die im Namen der Moral für die Einschränkung bestimmter Redehandlungen plädieren, betrifft die Reklamierung eines Opferstatus. Auch hier diagnostizieren die Verteidiger der Redefreiheit zu Recht, dass ein Opferstatus (als „vulnerabel", „traumatisiert", „Opfer von Gewalt") mittels *concept creeping* reklamiert werden kann, um besondere Schutzrechte in Anspruch zu nehmen. Zu ihnen kann dann auch das Recht gehören, vor verletzenden, vielleicht auch nur vor möglicherweise verletzenden Äußerungen geschützt zu werden (Lotter 2021, 84–87, und Lotter 2023c, 157–164). Solche Äußerungen zuzulassen und sie dem Test der besseren Argumente auszusetzen sei aber im Sinne einer auf Wahrheitsfindung abzielenden freien Debattenkultur sehr wünschenswert. Das leuchtet ein. Allerdings kann ein Opferstatus auch dadurch reklamiert werden, dass man sich als Opfer von Freiheitseinschränkungen oder einer „Verbannungskultur" inszeniert, wo man es nicht ist. Auch hier kann mittels *concept creeping* an die Bereitschaft zur Solidarisierung mit den selbsternannten Opfern der Einschränkung der Redefreiheit appelliert und zum Schulterschluss gegen diejenigen, die als Gefährder der Redefreiheit stigmatisiert werden, aufgerufen werden. Das eine ist aber so unberechtigt wie das andere. Dass mich als Kantianer der Vortrag meiner utilitaristischen Kollegin im Institutskolloquium noch nach zwei Wochen ärgert, berechtigt mich nicht dazu, mich als durch den Vortrag „traumatisiert" zu bezeichnen und mit Hinweis auf meine besondere Vulnerabilität zu fordern, dass in Zukunft keine Utilitarist:innen mehr zu Vorträgen eingeladen werden. Aber dass mich jemand nicht zu einem Vortrag einlädt oder der Meinung ist, dass ich bei einer Konferenz nicht sprechen sollte, berechtigt mich ebenso wenig, mich als Opfer von „cancel culture" oder einer „Einschränkung der Redefreiheit" zu inszenieren und die Solidarisierung der Kollegen aus der *scientific community* einzufordern. Man kann die Opferrolle als selbsternannter Angehöriger einer „vulnerablen Gruppe" reklamieren und damit auf die Unterbindung einer ergebnisoffenen Diskussion darüber, welche Rechte die Angehörigen dieser Gruppe haben sollten, abzielen. Man kann sie aber auch als selbsternannter Betroffener einer „Verbannungskultur" und Opfer von Redefreiheitseinschränkungen reklamieren und damit auf die Unterbindung einer ergebnisoffenen Diskussion darüber, welche Einschränkungen von Redehandlungen legitim sind, abzielen. Die Verteidiger der Redefreiheit kritisieren ersteres, praktizieren aber nicht selten letzteres. Auch damit reproduzieren sie das, was sie ihren im Namen der Moral auftretenden Gegnern vorwerfen.

Das Ergebnis dieses Einsatzes der gleichen rhetorischen Muster auf beiden Seiten ist eine Art „Abschreckungsgleichgewicht der Ideologien", bei dem jede Seite versucht, die Ideologie der anderen Seite durch eine Gegenideologie zum Schweigen zu bringen. Wer z. B. im Namen der Moral den Transphobie-Vorwurf gegen Stock abfeuert, muss mit einem massiven Cancel-culture-Vorwurf-Gegenschlag rechnen. Setzt er dann die Waffe des Diskriminierungsvorwurfes ein, muss er damit rechnen, dass mit dem Vorwurf der Einschränkung der Redefreiheit zurückgeschossen wird. Spätestens dann liegt die Argumentationslandschaft im Allgemeinen in Trümmern. Ideologien prallen aufeinander; beide Seiten versuchen – getragen von der Gewissheit, auf der richtigen Seite zu stehen –, einander durch (häufig im Gewand wohlgesetzter akademischer Rede daherkommende) Denunziationsrhetorik zum Schweigen zu bringen. Das ist kein erfreulicher Zustand. Und er hat nichts mit rationaler und vorurteilsfreier Diskussion zu tun.

Es gibt aber Abhilfe. Denn nichts hindert daran, ohne Verwendung der Ausdrücke „Freiheit", „Freiheitseinschränkung" oder „cancel culture" nüchtern und ideologiefrei das zu diskutieren, worum es eigentlich geht: darum, *ob die Einschränkung von Redehandlungen richtig oder falsch* ist. Ist es z. B. richtig oder falsch, Georg Meggle von der GAP-Konferenz auszuladen oder darauf hinzuwirken, dass Sarrazin und Jongen nicht bei einer wissenschaftlichen Veranstaltung sprechen dürfen? Stellt man die Frage auf diese Weise, verhindert man, dass schon in die Formulierung der Frage Ausdrücke eingehen, die (wie „cancel culture") eindeutig werthaft besetzt sind oder die (wie „Einschränkung der Redefreiheit") zwar nicht notwendig wertend verwendet werden müssen, aber doch im Allgemeinen in einem wertenden Sinne verwendet werden. Man geht der oben genannten Gefahr des naturalistischen Fehlschlusses und den Konfusionen aus dem Weg, die daraus resultieren, dass „Freiheitseinschränkung" wertend, aber auch rein beschreibend verwendet werden kann. Und vor allem wird so der oben in Bezug auf die Verwendung des Ausdrucks „Freiheitseinschränkung" demonstrierten Gefahr vorgebeugt, einen werthaft besetzten Ausdruck persuasiv mit dem Ziel zu definieren, Phänomene unter einen Begriff fallen zu lassen, *um* sie negativ zu werten. Man verhindert damit die Denunziationsrhetorik, die für die gegenwärtige Debatte um die Grenzen der Redefreiheit charakteristisch ist.

Wir können also auf das F-Wort durchaus verzichten, und wir sollten es auch tun. Wir müssen nicht von „Freiheit" und „Freiheitseinschränkung" sprechen, um die Frage nach der Richtigkeit oder Falschheit der Einschränkung von Redehandlungen zu stellen, und im Sinne einer rationalen und unvoreingenommenen Diskussion tun wir besser daran, auf diese Ausdrücke zu verzichten und stattdessen nach der Richtigkeit oder Falschheit der Einschränkung von Redehandlungen zu fragen. Dabei ist zu konzedieren, dass grundsätzlich auch der Ausdruck „Einschränkung einer Redehandlung" persuasiv und damit zur Ausgrenzung unliebsamer Ansichten verwendet werden kann – grundsätzlich kann *jeder* Ausdruck wertend und damit in Form einer persuasiven Definition verwendet werden, um unter dem Deckmantel einer Feststellung eine Wertung vorzunehmen. Aber im Allgemeinen verwenden wir die Ausdrücke „Einschränkung" und „Beschränkung" nicht wertend. Während „Freiheit" emphatisch positiv und „Freiheitseinschränkung" entsprechend negativ besetzt ist, sprechen wir im Allgemeinen in einem neutralen Sinne von „Einschränkungen" oder „Beschränkungen" – etwa, wenn wir von „eingeschränkten Zugangsmöglichkeiten" zu einem Gelände, der „Einschränkung der Besucherzahlen" für ein Konzert oder einem „eingeschränkten Warenangebot" sprechen. Zwar wird ein Ausdruck der Form „ein eingeschränktes/beschränktes X", in dem das Adjektiv „eingeschränkt" bzw. „beschränkt" attributiv zum Substantiv verwendet wird, manchmal wertend verwendet, etwa in Formulierungen wie „eingeschränkte Entfaltungsmöglichkeiten" oder eben „eingeschränkte Freiheit", aber in diesem Fall ergibt sich diese Wertung aus der werthaften Besetzung des Substantivs („Entfaltungsmöglichkeit", „Freiheit"), nicht aber aus der Bedeutung des dieses Substantiv qualifizierenden Adjektivs „eingeschränkt" oder „beschränkt". Die Ausdrücke „eingeschränkt" und „beschränkt" verweisen auf Grenzen und Begrenzungen, aber sie werten nicht.

Die neutrale Formulierung „Einschränkung von Redehandlungen" kann nicht nur den werthaft besetzten Ausdruck „Einschränkung der Redefreiheit", sondern auch den ebenfalls werthaft besetzten Ausdruck „Einschränkung der Meinungsfreiheit" ersetzen. Im Allgemeinen werden „Redefreiheit" und „Meinungsfreiheit" gleichbedeutend verwendet (vgl. Schönecker 2019, 124). Wer „Meinungsfreiheit" sagt, meint damit im Allgemeinen „Redefreiheit", und auch in Artikel 5 des Grundgesetzes ist zwar von „Meinungsfreiheit" die Rede, aber es ist klar, dass damit „Redefreiheit" – in den Worten des Gesetzes: „das Recht, seine Meinung in Wort, Schrift und Bild frei zu äußern und zu verbreiten" – gemeint ist. Diese synonyme Verwendung von „Meinungsfreiheit" und „Redefreiheit" ist auch sinnvoll, denn wörtlich und in Abgrenzung von Redefreiheit verstanden wäre Meinungsfreiheit nichts, was man unter normalen Umständen (d. h. wenn man einmal von Phänomenen wie Gehirnwäsche absieht) einfordern oder potentiell beschränken könnte. Menschen *haben* Meinungen; dies hängt nicht davon ab, dass man ihnen erlaubt, sie zu haben. Das Recht auf Meinungsfreiheit einzufordern wäre, wörtlich verstanden, wie das Recht auf Atmen einzufordern; und an der Wahrnehmung des wörtlich verstandenen Rechts auf Meinungsfreiheit könnte man Menschen allenfalls so hindern, wie man sie am Atmen hindern kann. Eine auf diese Weise wörtlich verstandene Meinungsfreiheit würde natürlich durch eine Einschränkung der Redefreiheit nicht eingeschränkt, denn man kann jemanden daran hindern, seine Meinung zu äußern, ohne ihn daran zu hindern (und ohne ihn daran hindern zu können), diese Meinung zu haben. Weil aber dieser Begriff von „Meinungsfreiheit" inhaltsleer wäre und es sich um eine Freiheit handeln würde, die unter normalen Umständen gar nicht eingeschränkt werden könnte, können wir „Meinungsfreiheit" als gleichbedeutend mit „Redefreiheit" verwenden und daher, wenn wir vom Ausdruck „Einschränkung der Redefreiheit" Abschied nehmen, getrost auch den Ausdruck „Einschränkung der Meinungsfreiheit" verabschieden.

Fragt man statt nach den Grenzen der Redefreiheit danach, ob es richtig oder falsch ist, Redehandlungen einzuschränken, stellt sich zunächst die Aufgabe zu klären, was genau unter dem Ausdruck „Einschränkung einer Redehandlung" verstanden werden kann und welche Phänomene darunter zu fassen sind. Dies zu klären ist Aufgabe des folgenden Kapitels.

Da die Ausdrücke „Freiheit" und „Freiheitseinschränkung" wertend und mehrdeutig sind, ist ihre Verwendung einer rationalen Diskussion der Frage nach den Grenzen der Redefreiheit nicht förderlich. Sie provozieren naturalistische Fehlschlüsse und persuasives – also scheinbar faktisches, im Grunde aber wertendes – Sprechen. Statt von einer „Einschränkung der Redefreiheit" sollten wir neutral von einer „Einschränkung von Redehandlungen" sprechen.

2

Mögliche Formen der Einschränkung von Redehandlungen

2.1 Protest

Häufig wird der in Abschn. 1.1 zitierte gegen Stock gerichtete *Offene Brief über Transphobie in der Philosophie* als ein Beispiel für „cancel culture" und eine „Einschränkung der Redefreiheit", in diesem Fall der Redefreiheit Kathleen Stocks, angeführt. Folgt man dem Vorschlag, die Rede von „Freiheitseinschränkung" durch die neutrale Formulierung „Einschränkung von Redehandlungen" zu ersetzen und zunächst zu fragen, was überhaupt als Einschränkung von Redehandlungen zu gelten hat, stellt sich die Frage, ob ein solcher Brief eine Einschränkung von Redehandlungen darstellt.

Die Antwort hierauf ist: Nein. Zwar ist dieser Brief offensichtlich gegen Stock in dem Sinne gerichtet, dass sich die Unterzeichnenden gegen Stock als Urheberin dessen richten, was sie als „auf die Ausgrenzung von Trans-Per-

O. Hallich, *Redefreiheit in der Wissenschaft – wo sind ihre Grenzen?*, #philosophieorientiert, https://doi.org/10.1007/978-3-662-68603-4_2

sonen abzielenden öffentlichen und akademischen Diskurs über *sex* und *gender*" empfinden. Aber er stellt keine Einschränkung von Redehandlungen Stocks dar. Dies ist nicht nur deswegen der Fall, weil die Unterzeichnenden ausdrücklich anmerken, sie seien *nicht* der Meinung, dass man Stock nicht erlauben solle, das zu sagen, was sie sagen möchte. Selbst wenn sie die Meinung ausgedrückt hätten, dass man Stock nicht erlauben solle, das zu sagen, was sie sagen möchte, hätten sie damit nur die *Ansicht* zum Ausdruck gebracht, dass man die Redehandlungen Stocks einschränken sollte, aber diese Redehandlungen mit der Äußerung dieser Ansicht nicht eingeschränkt. Der *Offene Brief* stellt vielmehr vor allem deswegen keine Einschränkung der Redehandlungen Stocks dar, weil er Ausdruck des *moralischen Protests* gegen Stock und die von ihr vertretenen Ansichten ist, ein moralischer Protest aber als expressiver Sprechakt nicht per se eine Einschränkung von Redehandlungen darstellt. Moralischer Protest ist – in den Worten Glen Pettigroves, eines der Unterzeichner des Briefes gegen Stock – dadurch gekennzeichnet, dass er eine moralische Ablehnung dessen ausdrückt, worauf er sich bezieht (vgl. Pettigrove 2020, 125). Wer moralisch protestiert, gibt emphatisch eine eigene moralische Ansicht kund, mit der er sich gegen eine Praxis wendet, die er als moralisch falsch empfindet.

Festzustellen, dass moralischer Protest als solcher noch keine Einschränkung von Redehandlungen darstellt, schließt nicht aus, dass man den *Offenen Brief* mit guten Gründen kritisieren kann. Diese Gründe liegen sogar auf der Hand. Vor allem ist der Brief offensichtlich bestürzend uninformiert. Dies geht schon daraus hervor, dass die Unterzeichnenden sich genötigt sahen, nach der erstmaligen Publikation ein Erratum hinzuzufügen, in dem sie die falsche Aussage, Stock habe sich gegen den *UK Gender Recognition Act* von 2004 gewendet, zurücknahmen und durch die richtige ersetzten, dass Stock sich gegen *amendments to the UK Gender Recognition Act* ausgesprochen habe – was ein sehr wesentlicher Unterschied ist. Offensichtlich haben also die Unterzeichnenden in der Erstfassung einen Protestbrief unterzeichnet, ohne zu wissen, worum es überhaupt geht. (Im Erratum wird offengelassen, wie viele der Unterzeichnenden bereits die falsche Erstfassung des Briefes unterzeichnet hatten.) Zudem muss man nicht krankhaft misstrauisch sein, um zu vermuten, dass die meisten der über 600 Unterzeichnenden Stocks Schriften nicht mehr als nur ansatzweise gelesen haben. *Material Girls* erschien erst kurz *nach* der Erstpublikation des Briefes, und wer dieses Buch einigermaßen frei von ideologischen Vorannahmen und mit der Bereitschaft zur vorurteilsfreien und rationalen Auseinandersetzung liest, wird Stocks Ansichten vielleicht widersprechen, sie aber keinesfalls als „transphob" brandmarken wollen (s. hierzu ausführlicher Abschn. 3.4). Man kann den *Offenen Brief* zudem überflüssig und kontraproduktiv finden, denn die Unterzeichnenden hätten ihr löbliches Anliegen, gegen eine Diskriminierung von Transpersonen Stellung zu nehmen, zweifellos auf andere Weise und besser zum Ausdruck bringen können als durch die Denunziation einer Philosophin, der absurderweise unterstellt wird, ihre akademische Freiheit zu missbrauchen, um die Angehörigen vulnerabler Gruppen zu schädigen.

Diese Kritikpunkte haben aber nichts mit der Einschränkung von Redehandlungen zu tun. Ein moralischer Protest kann uninformiert, überflüssig, kontraproduktiv und selbstgefällig sein – und möglicherweise treffen all diese Attribute auf den *Offenen Brief* zu –, aber das macht ihn nicht zu einer Einschränkung der Redehandlungen einer Person. Wer gegen die Äußerungen einer Person protestiert, schränkt nicht allein dadurch ihre Redehandlun-

gen – in der traditionellen Terminologie: ihre Redefreiheit
– ein.

Zu beachten ist allerdings Folgendes: Ein Protest kann
unbegrenzt viele Formen annehmen. Man kann – wie
z. B. Rosa Parks, die in den 1950er Jahren als Schwarze
gegen die Rassentrennungspolitik in den USA protestierte,
indem sie sich weigerte, ihren Sitzplatz für einen weißen
Fahrgast zu räumen – durch eine schlichte Verweigerung, die durchaus expressiv sein kann, protestieren. Man
kann durch einen offenen Brief, durch ein Kopfschüt-
teln, durch Kontra-Handlungen und Trotzreaktionen,
durch gewaltfreien oder nicht gewaltfreien Widerstand,
durch Ignorieren und Wegsehen, aber auch durch öffentliche Demonstrationen und Akte der Gewalt oder durch
Selbstverbrennung gegen etwas protestieren – und durch
vieles mehr. Verschiedene Formen des Protests wird man,
auch wenn deren Ziel jeweils das gleiche ist und man dieses Ziel durchweg billigt, unterschiedlich werten. So mag
man mit der Blockade von Flughäfen als Protest gegen
die Klimapolitik der Regierung sympathisieren, aber in
einem ebenfalls gegen die Klimapolitik der Regierung gerichteten Kartoffelbrei-Wurf auf ein Van-Gogh-Gemälde
keinen rechten Sinn erblicken können. Zudem unterliegen unterschiedliche Formen des Protests offensichtlich
unterschiedlichen Rechtfertigungsbedingungen. Es ist je-
dermanns Recht, bei einer friedlichen Demonstration in
Sprechchören seine Meinung kundzutun, um gegen eine
staatliche Maßnahme zu protestieren; es ist nicht jeder-
manns Recht, für eben dieses Ziel Politiker:innen physisch
zu attackieren. Gewalthandlungen unterliegen ungleich
anspruchsvolleren Rechtfertigungsbedingungen als nicht
gewalthafte Formen des Protests. Und Protest ist nicht *als*
Protest gewalthaft, kann aber mit Gewalt einhergehen.

Es gibt also unzählig viele Protestformen, und es kann
der Fall sein und ist häufig der Fall, dass eine Form des

Protests zu einer anderen führt oder diese begünstigt. Eine solche Entwicklung wird man, abhängig von Ziel und Form des Protests, manchmal bedauern und manchmal begrüßen. Dass Rosa Parks' Protest gegen eine rassistische Politik sich zum „Busstreik von Montgomery" und zur schwarzen Bürgerrechtsbewegung entwickelte, wird man im Allgemeinen begrüßen; dass eine friedliche Demonstration in Gewalt ausartet, wird man im Allgemeinen bedauern. Auch im Falle von Kathleen Stock änderte sich die Form des Protests nach dem – und sicherlich auch verursacht durch den – *Offenen Brief*. Der Protest eskalierte und nahm Formen an, die durchaus als Einschränkungen von Redehandlungen beschrieben werden können. Wer, wie es Studierende im weiteren Verlauf der Protestaktionen gegen Stock getan haben, eine Person bedrängt und einschüchtert und ihr, und sei es implizit und andeutend, droht, der schränkt ihre Redehandlungen ein. Einschüchterungen, Bedrängungen und Drohungen können als Nötigungen, teils vielleicht sogar als Gewalthandlungen eingestuft werden (s. hierzu auch Abschn. 2.4). Auch diese Aktionen der Studierenden sind als Protest zu werten, aber dieser hatte nicht mehr die Form einer bloßen Meinungskundgabe, sondern die Form von Nötigungen, und diese unterliegen wesentlich anspruchsvolleren Rechtfertigungsbedingungen als nicht nötigende Formen des Protests. Der expressive Protest der Unterzeichner des *Offenen Briefs* führte zum Protest durch Nötigung.

Wer aber, in welcher Form auch immer, protestiert, sollte sich darüber im Klaren sein, dass sein Protest andere Formen des Protests auslösen und eine Kettenreaktion in Gang setzen kann. Wer protestiert, trägt für die Folgen dessen, was er tut – also auch für die anderen Protestformen, die sich aus der von ihm gewählten Form des Protests ergeben können – eine gewisse Verantwortung. Er trägt zwar nicht notwendig eine moralische Verantwortung dafür, denn er muss ja diese Folgen nicht wollen oder absichtlich herbeiführen. Aber er trägt doch eine „Folgenverantwortung" dafür, also eine Verantwortung, die ihn als Verursacher eines Schadens trifft (vgl. zu dieser Form von Verantwortlichkeit Schefczyk 2012, 91–95). Dies ist jedenfalls dann der Fall, wenn er weiß, welche Folgen das, was er tut, haben kann und welche anderen Protestformen sich daraus ergeben können. Ein solches Wissen wird man den Unterzeichner:innen des *Offenen Briefes* unterstellen dürfen.

Daher sind die Unterzeichnenden des Briefes für die Formen des Protests, die sich daraus ergaben, mitverantwortlich. Zwar ist es ein Gebot der Fairness, ihnen zuzubilligen, dass sie – in Übereinstimmung mit der im Brief geäußerten Bekundung, Stock solle nicht an ihren Redehandlungen gehindert werden – die später praktizierten Formen des Protests gegen Stock ablehnten, und es wäre auch abwegig, einen *notwendigen* Zusammenhang zwischen den verschiedenen Formen des Protests zu postulieren, so als würde jemand, der in einem offenen Brief gegen Stock protestiert, damit eine Kausalkette in Gang setzen, an deren Ende *notwendig* Nötigungen und Gewalt stehen. Das ist sicher nicht der Fall; es gibt nur Wahrscheinlichkeiten und Tendenzen, anhand derer man den Übergang einer Protestform zu einer anderen abschätzen kann. Es gilt aber auch, dass, wer nicht nötigend und nicht gewalthaft protestiert und nötigende und gewalthafte Formen des Protests ablehnt, angesichts der Tatsache, dass eine Form des Protests schnell zu einer anderen führen kann, verantwortlich dafür ist, den Protest nach Möglichkeit auf die Formen einzuhegen und zu begrenzen, die er vertreten zu können glaubt, und sich vom Protest zu distanzieren, wenn er gewalthafte Formen annimmt.

Was man den Unterzeichner:innen des *Offenen Briefs* gegen Stock vorwerfen kann, ist daher nicht etwa, dass sie diesen Brief geschrieben und unterzeichnet haben. Das war ihr gutes Recht, wenngleich man aus den genannten Gründen den Brief für wenig sinnvoll halten mag. Vorzuhalten ist ihnen aber, dass sie sich nicht noch einmal zu Wort gemeldet haben, als die Proteste gegen Stock eskalierten und eine – sicherlich auch aus Sicht aller Unterzeichnenden des Briefes – inakzeptable Form annahmen. Sie hätten in Übereinstimmung mit dem von ihnen Geschriebenen *für* Stock Stellung nehmen müssen, als der Protest gegen sie in gewalthafte Formen des Protests überging, mit der sie am Reden gehindert werden sollte. Vorzuwerfen ist den Unterzeichnenden nicht der Brief, sondern das Schweigen danach. Zwar gab es im Zuge der eskalierenden Proteste durchaus auch von akademischer Seite Solidaritätsbekundungen mit Stock, in Deutschland etwa von der *Gesellschaft für Analytische Philosophie* (GAP 2021), aber anscheinend glaubte niemand von den Erstunterzeichnern des *Offenen Briefs*, sich von den gewalthaften Protesten gegen Stock distanzieren zu sollen. Die Unterzeichnenden haben nicht ihre Verantwortung dafür wahrgenommen, den offenen Brief nicht zur Initialzündung für andere und inakzeptable Formen des Protests werden zu lassen.

Dass man dies den Unterzeichner:innen des Briefes vorhalten kann, ändert wiederum nichts daran, dass ihr Protest *als Protest* keine Einschränkung der Redehandlungen Stocks war. Dies gilt auch angesichts der Tatsache, dass ein solcher Protest jemanden dazu veranlassen kann, sich nicht mehr im Sinne der Position, gegen die protestiert wird, zu äußern. Zweifellos kann ein so massiver Protest wie der im *Offenen Brief* zum Ausdruck kommende einschüchternd wirken. Die wenigsten Wissenschaftler:innen werden eine gegen ihre Ansichten gerichtete Stellungnahme von über 600 Fachkolleg:innen nach dem Motto „Viel Feind, viel Ehr" freudig als Anerkennung ihrer wissenschaftlichen Leistungen begrüßen können, zumal damit das Signal verbunden ist, dass die Ablehnung der eigenen Position von einem breiten Konsens getragen wird und an die wissenschaftliche Gemeinschaft die Botschaft gesendet wird, dass die Verteidigung einer solchen Position mit erheblichen Reputationsrisiken einhergehen kann. Daher wäre es mehr als verständlich, wenn sich eine so kritisierte Person angesichts der sozialen Kosten, die mit der Verteidigung ihrer Position einhergehen, entschlösse, in Zukunft nicht mehr zu brisanten Fragen von *sex* und *gender* zu publizieren und sich z. B. auf das weniger umstrittene Feld der Philosophiegeschichte zurückzuziehen. Andererseits sind solche Protestreaktionen, so unerfreulich sie sind, Teil dessen, was man bewusst in Kauf nimmt, wenn man zu gesellschaftlich umstrittenen Themen publiziert und dabei vom *mainstream* der herrschenden Meinung abweicht. Wer einen Text veröffentlicht, weiß, was er tut. Er autorisiert damit andere, dazu Stellung zu nehmen und ihre Meinung dazu kundzutun. Er nimmt das Risiko auf sich, dass diese Meinung wenig freundlich ist. Wenn andere dann ihre ablehnende Meinung durch Protestaktionen bekunden, kann er sich darüber ärgern und seine Konsequenzen daraus ziehen, sich aber nicht legitimerweise über eine Einschränkung seiner Redehandlungen beschweren. Darum sollte man darauf verzichten, eine legitime Protestäußerung als „cancel culture" und „Einschränkung der Redefreiheit" zu etikettieren.

2.2   Nicht-Einladung und Verhinderung einer Einladung

Während ein Protest als solcher keine Einschränkung einer Redehandlung ist, kann die Nicht-Einladung einer Person sehr wohl eine solche sein. Sie ist es dann, wenn die nicht eingeladene Person den Wunsch hat zu sprechen und ihr dieser Wunsch nicht gewährt wird. Sie wird dann daran *gehindert,* ihre Meinung auszudrücken, und dies kann als Einschränkung ihrer Redehandlungen gelten. Liegt ein solcher Wunsch nicht vor, wird die Person auch nicht daran gehindert zu sprechen, und man kann dann nicht von einer Einschränkung ihrer Redehandlungen sprechen. Dass ich nicht zu einer Konferenz über Modallogik eingeladen werde, stellt keine Einschränkung meiner Redehandlungen dar. Ich werde durch diese Nicht-Einladung nicht daran gehindert, meine Ansichten zur Modallogik auszudrücken – ich will nämlich gar nicht auf so einer Konferenz sprechen. Wo kein Wille ist, da ist keine Hinderung, also auch keine Einschränkung von Redehandlungen.

Die Nicht-Einladung einer Person zu einer Veranstaltung, bei der sie sprechen will, kann aus vielen Gründen kritikwürdig, befremdlich, unverständlich oder nicht nachvollziehbar sein. Veranstaltet jemand eine Konferenz zu Alanus ab Insulis, ist es schwer nachvollziehbar, wenn er eine renommierte und durch einschlägige Publikationen hervorgetretene Alanus-ab-Insulis-Forscherin nicht zu der Konferenz einlädt. Sie nicht einzuladen wird der Qualität der Konferenz abträglich sein. Man kann auch kritisieren, dass die Einladung zu einer Konferenz parteiisch erfolgt und z. B. zu einem brisanten bioethischen Thema wie assistiertem Suizid oder neueren Reproduktionstechniken ausschließlich Vertreter:innen einer konservativen oder ausschließlich Vertreter:innen einer liberalen Position eingeladen werden. In diesem Fall wird man die Nicht-Einladungen einiger Personen mit dem Argument kritisieren, dass dadurch das Spektrum wissenschaftlicher Meinungen zu einem Forschungsgegenstand nicht hinreichend abgebildet wird und die Konferenz nicht zu einem Austausch kontroverser Meinungen führen, folglich einen vergleichsweise geringen Erkenntniswert haben wird. Solche Nicht-Einladungen wird man im Allgemeinen als „falsch" bezeichnen, denn sie werden dazu führen, dass eine Konferenz nicht die wissenschaftlichen Standards erfüllt, deren Beachtung von einer durch öffentliche Gelder finanzierten Konferenz zu erwarten wäre.

Diese auf der Hand liegenden Gründe dafür, die Nicht-Einladung einer oder mehrerer Personen zu einer wissenschaftlichen Veranstaltung zu kritisieren, sind aber unabhängig davon, dass damit die Redehandlungen der Personen eingeschränkt werden. Zwar liegt dann, sofern die nicht eingeladenen Personen bei der Veranstaltung sprechen wollen, eine Einschränkung einer Redehandlung vor, aber diese ist nicht der Grund für die Kritik der Nicht-Einladung. Der Grund für diese Kritik liegt in der Nicht-beachtung wissenschaftlicher Standards in Bezug auf Vielfalt und Einschlägigkeit der eingeladenen Redner, nicht in der Tatsache, dass einige Personen nicht reden dürfen, obwohl sie es wollen.

Dass die Einschränkung von Redehandlungen hier nicht der Grund für die Kritik an einer Nicht-Einladung ist, liegt schlicht an Folgendem: Niemand hat das Recht, auf einer wissenschaftlichen Veranstaltung zu reden. Dass er es gerne möchte, ändert daran nichts. Man möchte vieles, was man nicht bekommt und worauf man kein Recht hat. Dass ich gerne einmal vor der UNO-Vollversammlung sprechen würde und meine Meinungen auch für bedeutend genug halte, um ihnen dort Gehör verschaffen zu wollen, gibt mir nicht das Recht, dort zu sprechen. Zwar werde ich durch die Nicht-Einladung daran gehindert, meine Meinung dort kundzutun, und insofern werden meine Redehandlungen eingeschränkt, aber das wird kaum jemand zum Anlass einer Kritik nehmen. Die verbreitete Formel „no platforming" – die, wenn unreflektiert und reflexhaft eingesetzt, leicht zur rhetorischen

Leerformel werden kann und die zudem irreführend wird, wenn „no platforming" synonym mit „deplatforming" verwendet wird, wodurch der wesentliche Unterschied zwischen „jemandem keine Plattform geben" und „jemandem eine Plattform, die er hat, entziehen" eingeebnet wird – verdeckt diese simple Einsicht. (Als historische Rekonstruktion und Verteidigung der Politik des „no platforming", also des Nicht-Sprechen-Lassens von Personen, die z. B. rassistische oder homophobe Ansichten ausdrücken, vgl. Smith 2020.) Dass jemandem keine Plattform gegeben wird, besagt normativ gar nichts. Dass mir keine Plattform vor der UNO-Vollversammlung gegeben wird, wird außer mir niemand bedauern.

Weil niemand a priori – d. h. vor einer ausgesprochenen Einladung oder anderen Handlungen, die ihm dieses Recht ausdrücklich verleihen – ein Rederecht hat, sind die Rechtfertigungsbedingungen für die Nicht-Einladung einer Person, die erfüllt sein müssen, um diese Nicht-Einladung *als Einschränkung einer Redehandlung* zu rechtfertigen, überaus leicht zu erfüllen. Der Hinweis auf ein fehlendes Recht zu reden reicht, um die Einschränkung einer Redehandlung, die in einer Nicht-Einladung einer Person besteht, zu rechtfertigen. Und weil niemand ein solches A-priori-Rederecht hat, ist die Bedingung für die Rechtfertigung *dieser* Einschränkung der Redehandlung auch immer erfüllt. Wird also jemandem vorgehalten, mit einer Nicht-Einladung jemandes Redehandlung zu beschränken, kann er mit dem entspannten Hinweis darauf reagieren, dass er nicht die Pflicht hat, jemanden einzuladen, und dass niemand das Recht hat, von ihm eingeladen zu werden. Die Möglichkeit, die Nicht-Einladung aus den anderen genannten Gründen, die im Wesentlichen auf die dadurch geminderte wissenschaftliche Qualität einer Veranstaltung abzielen, zu kritisieren, bleibt dabei unbenommen. Und diese anderen Kritikgründe mögen völlig plausibel sein. Aber sie beziehen sich nicht auf die Nicht-Einladung als Einschränkung einer Redehandlung.

Eine *Nicht-Einladung* ist von der *Verhinderung einer Einladung* zu unterscheiden, wenngleich auch letztere eine Einschränkung einer Redehandlung darstellt. Eine Nicht-Einladung einer Person, die sprechen möchte, ist eine *direkte* (als solche legitime, möglicherweise aus anderen Gründen kritikwürdige) Verhinderung einer Redehandlung durch eine Unterlassenshandlung. Es kann aber auch sein, dass eine Redehandlung durch die Verhinderung einer Einladung *indirekt* eingeschränkt wird. Wenn A den B zu einer Veranstaltung einladen und B bei dieser Veranstaltung sprechen möchte und C den A daran hindert, B dazu einzuladen, verhindert auch C, wenngleich indirekt, die Redehandlungen Bs. Er schränkt die Redehandlungen Bs über den Umweg der Verhinderung der Einladung Bs ein.

Zur Beurteilung der Einschränkung einer Redehandlung durch die Verhinderung einer Einladung sind zwei Fallkonstellationen voneinander zu unterscheiden. In der ersten Konstellation gibt es ein soziales Arrangement oder eine soziale oder rechtliche Norm, aufgrund dessen oder derer C dazu verpflichtet ist, A bei der Realisierung seiner Absicht, B einzuladen, gewähren zu lassen. In diesem Fall hat C kein Recht, A an der Realisierung seiner Absicht zu hindern. Da er dieses Recht nicht hat, hat er dann auch nicht das Recht, die Redehandlung Bs einzuschränken, indem er A daran hindert, B einzuladen. Tut er dies, greift er in die Autonomie As ein, der das Recht hat, B einzuladen.

Eben diese Konstellation lag nach der Darstellung Dieter Schöneckers (vgl. aber auch Werber 2021) im oben geschilderten „Siegener Fall" vor, wenngleich mit der Einschränkung, dass hier genau genommen keine Verhinderung, sondern eine *versuchte* Verhinderung einer

Einladung vorlag, da die Vorträge stattfanden. Demnach wurde Dieter Schönecker von der Fakultät untersagt, die finanziellen Mittel, die ihm im Rahmen des üblichen Verteilungsverfahrens, bei dem Gelder von den Fakultäten an die einzelnen Fächer und Lehrstuhlinhaber:innen weitergegeben werden, für die Finanzierung der Vorträge von Sarrazin und Jongen zu verwenden. Die Fakultät war aber, wie Dieter Schönecker zu Recht geltend gemacht hat, aus hochschulrechtlichen Gründen verpflichtet, ihn bei der Verwendung der ihm zugewiesenen Mittel gewähren zu lassen, sofern er diese – was zweifellos der Fall war – im Rahmen der Verfassung einsetzen würde. Weil eine hochschulrechtliche Norm vorlag, aufgrund derer die Fakultät dazu verpflichtet war, den einladenden Hochschullehrer bei der Realisierung seiner Absicht, Sarrazin und Jongen einzuladen, gewähren zu lassen, hatte sie kein Recht, die Realisierung dieser Absicht zu verhindern.

Die zweite Konstellation liegt vor, wenn *kein* institutionelles Arrangement bzw. keine soziale oder rechtliche Norm vorliegt, aufgrund derer C verpflichtet ist, A bei der Realisierung seiner Absicht, B einzuladen, gewähren zu lassen. Diese Konstellation wäre im Siegener Fall gegeben gewesen, wenn – was nicht der Fall war – Dieter Schönecker eigens für die Finanzierung der Vorträge Jongens und Sarrazins finanzielle Mittel bei der Fakultät beantragt hätte. In diesem Fall hätte die Fakultät den Antrag ablehnen können. Dies wäre formal nicht zu beanstanden gewesen. Es wäre der Ablehnung eines Projektantrages durch die DFG vergleichbar gewesen. Wenn die DFG ein Forschungsprojekt nicht in dem Ausmaß überzeugend findet, dass sie es durch öffentliche Gelder zu unterstützen bereit ist, ist es ihr gutes Recht, einen Projektantrag abzulehnen. Wenn eine Fakultät eine beabsichtigte Einladung einer Person wie Sarrazin oder Jongen für eine universitäre Veranstaltung als nicht angemessen betrachtet, ist es ihr gutes Recht, keine eigenen Mittel für die Finanzierung der Veranstaltung zu gewähren. Daraus, dass die Fakultät im realen Siegener Fall verpflichtet war, den Lehrstuhlinhaber bei der Verwendung seiner Mittel im Rahmen der Verfassung gewähren zu lassen, folgt nicht, dass sie auch im kontrafaktischen Fall verpflichtet gewesen wäre, ihn bei der Einladung zu unterstützen oder diese zu ermöglichen.

Die Unterscheidung der beiden Fallkonstellationen zeigt im Wesentlichen zweierlei:

1. Die auf einer sozialen oder rechtlichen (z. B. hochschulrechtlichen) Norm beruhende Pflicht, jemanden *gewähren zu lassen,* der eine andere Person einladen will, begründet keine Pflicht zur *Unterstützung* dieser Einladung. Sie belässt anderen das Recht, auf die Nicht-Einladung der Person, die jemand einladen will, auf jede Weise hinzuwirken, die mit der genannten Pflicht verträglich ist. Darum ist z. B. nichts dagegen zu sagen, dass zu der Siegener Veranstaltung nicht im Namen der Fakultät eingeladen und diese nicht über den E-Mail-Verteiler der Fakultät beworben wurde. Es ist das gute Recht einer Fakultät, zu einer Veranstaltung, die sie nicht unterstützen möchte, nicht in eigenem Namen einzuladen. Dies nicht zu tun ist kein Eingriff in die Autonomie des einladenden Hochschullehrers. Ebenso ist es nicht kritikwürdig, sondern schlicht zu respektieren, wenn andere eingeladene Personen ihre Teilnahme mit dem Hinweis darauf absagen, dass sie nicht zusammen mit Sarrazin und Jongen in einer Veranstaltungsreihe sprechen möchten. Sie ziehen damit ihre Unterstützung der Veranstaltung zurück, sind zu einer solchen Unterstützung aber auch nicht verpflichtet, und sie greifen durch ihre Absage nicht in die Autonomie des einladenden Hochschullehrers ein. Das Recht Dieter Schöneckers, Sarrazin und Jongen einzuladen,

erlegt ihnen keine Teilnahmepflicht auf. Allgemein: Aus dem Recht eines Hochschullehrers, diese beiden Personen einzuladen, folgt nicht die Pflicht anderer, ihn darin zu unterstützen. Man kann daher die übergriffige Untersagung der Verwendung von Hochschulmitteln durch die Fakultät kritisieren und gleichwohl der Ansicht sein, dass die Fakultät gute Gründe hatte, diese Einladung nicht zu unterstützen. Man kann es gutheißen, dass die Fakultät versuchte, darauf hinzuwirken, dass Sarrazin und Jongen nicht eingeladen würden, aber die Weise kritisieren, auf die sie es der Darstellung Dieter Schöneckers zufolge getan hat. Man kann der Ansicht sein, dass sie die falschen – weil mit hochschulrechtlichen Normen konfligierenden – Mittel wählte, um ein richtiges Ziel durchzusetzen.

2. Der Grund dafür, dass Dieter Schöneckers Kritik an der (versuchten) Verhinderung der Einladung durch die Fakultät im Siegener Fall berechtigt ist, ist der soeben genannte: Eine solche (versuchte) Verhinderung ist mit einem Eingriff in die Autonomie eines Hochschullehrers verbunden und daher hochschulrechtlich bedenklich. Der Grund ist aber *nicht,* dass die Fakultät etwas tat, was auf eine Einschränkung der Redehandlungen Sarrazins und Jongens abzielte. Das zu tun war – wie der kontrafaktische Fall zeigt – *grundsätzlich* ihr gutes Recht. Nur hätte sie es eben nicht *auf diese Weise* tun dürfen. Sie hätte es so tun müssen, dass es mit der Einhaltung der Pflicht, den Hochschullehrer bei der Verwendung der ihm im Rahmen des üblichen Verteilungsverfahrens zugewiesenen Mittel gewähren zu lassen, kompatibel gewesen wäre. Hätte sich z. B. die Fakultät in einer Stellungnahme – unter Hinweis auf ihre Verpflichtung, den einladenden Hochschullehrer bei der Verwendung seiner Mittel gewähren zu lassen – von der Veranstaltung distanziert und den einladen-

den Hochschullehrer unter Anführung von Gründen *gebeten,* von der Einladung Abstand zu nehmen, hätte sie getan, was sie unter Beachtung sonstiger Normen tun konnte, um auf die Nicht-Einladung Sarrazins und Jongens hinzuwirken. Dies wäre ihr nicht vorzuwerfen gewesen. Und wenn – was realistischerweise anzunehmen ist – dies nicht bewirkt hätte, dass die einladende Person von der Einladung Abstand genommen hätte, wäre dies hinzunehmen gewesen.

Grundsätzlich gilt also: Die Verhinderung einer Einladung ist problematisch, insofern sie gegen Normen, etwa hochschulrechtliche Normen, verstößt. Häufig *wird* die Verhinderung einer Einladung mit einem Normverstoß verbunden sein, wie vermutlich im Siegener Fall mit dem Verstoß gegen die Norm, die Autonomie eines Hochschullehrers zu respektieren, weswegen die Verhinderung einer Einladung häufiger zu kritisieren sein wird als eine bloße Nicht-Einladung. Es gibt sehr viele Normen, gegen die die Verhinderung einer Einladung verstoßen kann und häufig verstoßen wird und gegen die zu verstoßen sie kritikwürdig machen kann – es ist z. B. offensichtlich auch kritikwürdig, eine Einladung mittels Erpressung oder Drohung oder körperlicher Gewalt zu verhindern. Liegt aber ein solcher Normverstoß nicht vor, was typischerweise der Fall sein wird, wenn jemand (wie im kontrafaktischen „Siegener Fall") eine Einladung verhindert, indem er seine Unterstützung für diese Einladung nicht gewährt, und er auch nicht aus anderen Gründen zur Gewährung dieser Unterstützung verpflichtet ist, dann ist die Verhinderung einer Einladung genauso zu beurteilen wie eine Nicht-Einladung. Nicht-Einladungen sowie Verhinderungen von Einladungen *sind* beides (direkte oder indirekte) Einschränkungen von Redehandlungen, aber sie sind nicht *als solche,* möglicherweise aber aus den anderen genannten Gründen – der Einschränkung der wissenschaftlichen Qualität einer Veranstaltung im Falle der Nicht-Einladung und des Verstoßes gegen eine andere Norm im Falle der Verhinderung einer Einladung – kritikwürdig.

2.3 Ausladung

Von der Nicht-Einladung einer Person oder der Verhinderung einer Einladung durch die Verweigerung einer Unterstützung, zu der man nicht verpflichtet ist, ist die Ausladung einer bereits eingeladenen Person zu unterscheiden, wie sie bei den Rücknahmen der bereits erfolgten Einladungen an Peter Singer bei der phil.Cologne 2015 und an Georg Meggle bei der Berliner GAP-Konferenz 2022 vorlag.

Zwar ist das Resultat von Nicht-Einladung und Ausladung einer Person insofern das gleiche, als in beiden Fällen eine Redehandlung eingeschränkt wird – eine Person, die andernfalls gesprochen hätte und dies gewollt hätte, spricht nicht. In beiden Fällen ist diese Einschränkung von den Veranstaltern intendiert. Dennoch besteht zwischen beiden Formen der Einschränkung einer Redehandlung ein signifikanter Unterschied. Eine Ausladung ist mit einem sozialen Affront gegenüber der ausgeladenen Person verbunden, was bei einer Nicht-Einladung im Allgemeinen nicht oder jedenfalls in einem sehr viel geringeren Ausmaß der Fall ist. Eine Einladung ist – einem Versprechen nicht unähnlich – mit einer Absichtsbekundung, eine Person reden zu lassen, verbunden und generiert die Prima-facie-Pflicht, dieser Absichtsbekundung auch Taten folgen zu lassen. Eine Änderung dieser Absicht lässt auf einen sehr starken Willen schließen, diese Person nicht sprechen zu lassen. Eine Nicht-Einladung hingegen kann als bloße Unterlassenshandlung auch auf andere Ursachen als auf den dezidierten Willen des Veranstalters, eine Person nicht sprechen zu lassen, zurückgeführt werden – etwa auf die Tatsache, dass man anderen, ebenfalls einschlägigen, aber vielleicht noch weniger bekannten Redner:innen das Wort geben wollte, oder auf diejenige, dass die Anzahl der möglichen Redner bei einer Konferenz nun einmal begrenzt ist und man daher schweren Herzens darauf verzichtet, die nicht eingeladene Person einzuladen. Eine Nicht-Einladung ist nicht wie eine Ausladung ein expressiver Akt, der ausdrücklich gegen eine Person gerichtet ist. Darum ist sie sozial auch ungleich leichter moderierbar als eine Ausladung. Man kann – konfrontiert mit der Frage „Warum hast Du XY nicht eingeladen?" – soziale Irritationen im Allgemeinen durch den Hinweis auf einen der oben genannten Gründe leicht abwehren; eine Ausladung hingegen wird als eine *contra personam* gerichtete Handlung wahrgenommen und steht als solche unter besonderem Rechtfertigungsdruck gegenüber der ausgeladenen Person, die damit vor den Kopf gestoßen wird, wie auch gegenüber Dritten, die dies als sozialen Affront wahrnehmen werden. Hätte der GAP-Vorstand Georg Meggle nicht vom Berliner Kongress ausgeladen, sondern ihn gar nicht erst zu diesem eingeladen, hätte dies wohl keinerlei Aufmerksamkeit erregt. Eine Nicht-Einladung wäre nicht als soziale Bloßstellung wahrgenommen und vermutlich gar nicht unter Rechtfertigungsdruck, auf jeden Fall aber unter einen sehr viel schwächeren Rechtfertigungsdruck gesetzt worden.

Eine Nicht-Einladung und eine Ausladung einer Person unterscheiden sich also hinsichtlich der Stärke der jeweils erforderlichen Rechtfertigung voneinander. Wer eine Ausladung rechtfertigen will, muss ungleich höhere Rechtfertigungshürden nehmen als jemand, der eine Nicht-Einladung rechtfertigen will. Daher ist es widerspruchsfrei möglich, sowohl die Einladung einer Person als auch ihre

Ausladung als verfehlt zu kritisieren. Man kann der Meinung sein, dass es falsch ist (oder war), eine Person einzuladen, und dass es falsch ist, sie, wenn sie einmal eingeladen ist, wieder auszuladen, weil man der Meinung sein kann, dass zwar die (wie gezeigt: leicht zu erfüllenden) Rechtfertigungsbedingungen für eine Nicht-Einladung, nicht aber diejenigen für eine Ausladung erfüllt sind. Mit der Einladung einer Person ändert sich die „normative Landschaft" von Rechten und Pflichten. So wie man widerspruchsfrei der Meinung sein kann, dass es falsch war, dass Anna Paul geheiratet hat, aber dass es, da sie ihn nun einmal geheiratet hat, auch falsch wäre, wenn sie sich jetzt von ihm scheiden ließe, kann man der Meinung sein, dass es falsch war, eine Person einzuladen, aber, wenn man sie einmal eingeladen hat, auch falsch wäre, sie wieder auszuladen.

Bei der Beurteilung einer Ausladung kann auch eine Rolle spielen, ob die ausladende Person oder Institution schon vor der Einladung in den Besitz der Information hätte kommen können, aufgrund derer sie sich zur Ausladung entschließt. Ist dies der Fall, wird man ihr häufig vorhalten, dass sie das, was sie zur Ausladung veranlasst, doch früher hätte wissen können und daher von ihr zu erwarten gewesen wäre, dass sie sich früher und damit unter Vermeidung des mit der Ausladung verbundenen sozialen Affronts zu einer Nicht-Einladung entschlossen, also die Ausladung überflüssig gemacht hätte. Im Falle der Ausladung Singers von der phil.Cologne war dies der Fall. Zwar stellte Singer seine Positionen nach erfolgter Einladung noch einmal in provozierender Schärfe in dem genannten Interview in der *NZZ* dar, allerdings waren Singers Thesen auch vor 2015 hinlänglich bekannt, und die Veranstalter sollten zum Zeitpunkt der Einladung über sie informiert gewesen sein. Sie wussten oder hätten wissen sollen, worauf sie sich einließen, als sie Singer einluden. Die Rücknahme der bereits erfolgten Einladung kann in solchen Fällen nicht plausibel mit dem Erhalt einer neuen Information begründet werden. Anders lagen die Dinge bei der Ausladung Georg Meggles von der GAP-Konferenz 2022, denn hier gelangten die Veranstalter tatsächlich erst nach erfolgter Einladung in den Besitz der Information, dass Georg Meggle den „Neuen Krefelder Appell" als Ehrenpräsident der GAP unterzeichnet hatte. Zwar hätten auch sie dies theoretisch schon früher wissen können – der Appell wurde im November 2021 veröffentlicht –, aber es ist sehr nachvollziehbar, dass Organisatoren einer Konferenz nicht auf die Idee kommen, täglich zu recherchieren, wer von den Eingeladenen einen bizarren Anti-Nato-Appell unterzeichnet haben könnte. Darum wird man hier nicht sagen: „Das hättet ihr doch vorher wissen können!" und die erfolge Ausladung nicht in gleicher Weise unter Rechtfertigungsdruck stellen wie die Ausladung Singers von der phil.Cologne.

In beiden Fällen aber war die Ausladung mit einem Affront gegenüber einem renommierten Philosophen verbunden, und in beiden Fällen galt, dass die erfolgte Einladung einen Prima-facie-Grund dafür darstellte, an ihr festzuhalten. Die Veranstalter sahen sich daher vor die Notwendigkeit einer Güterabwägung zwischen dem sozialen Affront, der der ausgeladenen Person im Falle der Ausladung zugemutet wird, und dem Schaden, der durch diese Ausladung verhindert werden soll, gestellt. Zu welchem Resultat eine solche Güterabwägung führt, hängt offensichtlich davon ab, welcher Schaden hier als zu vermeidender angesetzt wird und ob dieser bedeutend genug ist, um die Nachteile der Ausladung – sozialer Affront und Irritation Dritter – in Kauf zu nehmen. Statt hier vorschnell eine Aussage zu Richtigkeit oder Falschheit der genannten Ausladungen zu treffen, ist daher zunächst zu klären, welche Art des Schadens aus der Sicht der

Veranstalter durch die jeweilige Ausladung zu verhindern war, denn es macht offensichtlich einen Unterschied, ob ein geringfügiger oder ein gravierender Schaden durch eine Ausladung verhindert werden soll. Diese Differenzierung zwischen verschiedenen Formen des Schadens, die potenziell durch Einschränkungen von Redehandlungen zu verhindern sind, soll in Kap. 3 vorgenommen werden. Ist dies geklärt, kann dann auch – in Kap. 4 – die Frage beantwortet werden, ob dieser Schaden im Falle der Ausladungen Peter Singers und Georg Meggles bedeutsam genug war, um die jeweilige Ausladung zu rechtfertigen.

2.4   Gewalt und Nötigung

Als eine weitere Form der Einschränkung von Redehandlungen ist die Unterbindung von Redehandlungen durch *Gewalt* oder andere Formen der *Nötigung* anzusehen. Der Begriff der Gewalt hat unscharfe Grenzen und bietet sich in besonderer Weise dafür an, unzulässig ausgedehnt und aufgrund seines negativ wertenden Gehaltes suggestiv verwendet zu werden, um Verhaltensweisen als „gewalthaft" zu denunzieren, die es nicht sind, etwa wenn jede provozierende oder scherzhaft die Grenzen sozialer Konventionen überschreitende Bemerkung als „verbale Gewalt" bezeichnet wird (als ausführliche Untersuchung des Gewaltbegriffs vgl. Schotte 2020). Ebenso wie eine zu weite ist aber auch eine zu enge Definition des Begriffes zu vermeiden, die z. B. Beeinträchtigungen der körperlichen Integrität durch massive Lärmbelästigung nicht mehr als „gewalthaft" zu erfassen erlaubt. Plausibel erscheint der Vorschlag Dietrich Schottes, Gewalt zu definieren als „absichtliche schwere Verletzung[] von Lebewesen gegen ihren Willen" (Schotte 2020, 235) – wenngleich man erwägen mag, in diesem Definitionsvorschlag „schwer" als die Definition zu stark einengend zu streichen und dafür zwischen verschiedenen Schweregraden von Gewalt zu differenzieren und den Begriff der Verletzung so eng zu fassen, dass harmlose Beeinträchtigungen der körperlichen Integrität wie ein Rempler oder eine noch tolerable Lärmbelästigung nicht unter diesen Begriff zu subsumieren sind.

Deutlich ist: Durch Gewalt kann eine Redehandlung eingeschränkt werden. Und einige, wenngleich natürlich nicht alle der Handlungen, die im Rahmen der vier geschilderten Beispielfälle mit dem Ziel der Einschränkung von Redehandlungen ausgeführt wurden, können als „gewalthaft" beschrieben werden. Man legt weder einen zu engen noch einen zu weiten Begriff von „Gewalt" zugrunde, wenn man sagt, dass der folgende Satz Peter Singers aus „Wie man in Deutschland mundtot gemacht wird", mit dem er sich auf Protestaktionen gegen seinen im Mai 1991 an der Universität Zürich geplanten (aber verhinderten) Vortrag bezieht, eine Gewalthandlung beschreibt: „In diesem Moment trat einer der Protestteilnehmer von hinten auf mich zu, riss mir die Brille herunter, warf sie auf den Boden und zerbrach sie" (Singer 1994, 448). Hier wurde eine Redehandlung durch Gewalt verhindert, auch wenn man nicht von einer „schweren" Verletzung sprechen und offenlassen mag, ob sich die Gewalt gegen eine Sache (die Brille) oder die Person, die auf diese Sache angewiesen ist, richtete.

Gewalt ist eine, aber nicht die einzige Form einer Nötigung. Nötigen kann man jemanden statt durch die Ausübung auch durch die Androhung von Gewalt oder die Drohung mit einem anderen Übel. § 240 StGB stellt Gewalt oder Drohung als Formen der Nötigung unter Strafe: „Wer einen Menschen rechtswidrig mit Gewalt oder durch Drohung mit einem empfindlichen Übel zu einer Handlung, Duldung oder Unterlassung nötigt, wird mit Freiheitsstrafe bis zu drei Jahren oder mit Geldstrafe bestraft".

Ob Gewalt oder eine andere Form der Nötigung vorliegt, mag ebenso unklar sein wie die Frage, ob die Grenze zur Nötigung bereits überschritten ist, weil unklar sein kann, ob eine Drohung – und zudem eine mit einem „empfindlichen Übel" – vorliegt oder nicht. Unklar ist z. B., ob einen Vortrag mit einer Trillerpfeifenaktion zu stören bereits als gewalthaft einzustufen ist oder nicht; in jedem Fall aber ist es eine Nötigung, den Vortrag zu unterbrechen. Wann Einschüchterungsversuche oder Provokationen Drohungen „mit einem empfindlichen Übel" zu werden beginnen und so die Grenze zur Nötigung überschreiten, ist im Einzelfall und in Abhängigkeit von den dabei implizit in Aussicht gestellten negativen Folgen zu entscheiden. Ebenso ist kontextsensitiv zu entscheiden, ob oberflächensprachlich konstative Äußerungen der Kategorie „Schiri, wir wissen wo dein Auto steht" noch als Andeutungen von Drohungen, nicht aber selbst als Drohungen, oder schon als drohende Andeutungen, also eine Unterart von Drohungen, zu verstehen sind. Nötigungen können sich gegen eine potentiell redende, aber auch gegen eine potentiell einladende Person richten. Eine (nicht gewalthafte) Nötigung kann z. B. auch dann vorliegen, wenn jemandem implizit oder andeutend Rufschädigung und öffentliche Bloßstellung für den Fall angedroht wird, dass er eine unliebsame Person zu einer Veranstaltung einlädt. Viele der Repressalien, denen sich Singer und Stock ausgesetzt sahen, sind als Nötigungen zu beschreiben. Wer sich z. B. wie Stock nicht mehr an seinen Arbeitsplatz begeben kann, ohne dort Beleidigungen und öffentlichen Verleumdungen ausgesetzt zu sein, kann sich „genötigt sehen" und auch tatsächlich genötigt sein, von der weiteren Ausübung seines Berufes Abstand zu nehmen, da diese nicht mehr unter zumutbaren Bedingungen möglich ist.

Es leuchtet unmittelbar ein, dass die Rechtfertigungshürden, die für die Einschränkung von Redehandlungen durch Gewalt oder Nötigung zu nehmen sind, sehr viel höher liegen als diejenigen für eine Ausladung, selbstverständlich erst recht höher als diejenigen für eine Nicht-Einladung, und dass sie für gewalthafte Formen der Nötigung noch höher liegen als für nicht gewalthafte. Zwar sind durchaus Fälle denkbar, in denen auch der Einsatz von Gewalt zur Verhinderung von Redehandlungen (auch von Privatpersonen) legitim erscheint, aber man muss einiges an Phantasie aufwenden, um solche Fälle, die recht realitätsfern sind, zu konstruieren. Angenommen, ein Wissenschaftler ist im Besitz einer Formel, deren Anwendung die Welt in einen sofortigen Atomkrieg stürzen würde, und er ist gewillt, diesen herbeizuführen, und er schickt sich an, eben diese Formel in einem Vortrag einem Auditorium zu verraten, das ebenfalls gewillt und auch in der Lage ist, unter Anwendung der Formel einen Atomkrieg herbeizuführen – sollte man ihn nicht, wenn man noch die Möglichkeit dazu hat, mit physischer Gewalt davon abhalten, die Formel zu verraten, also seine Redehandlungen mit Gewalt verhindern? Vermutlich wird die intuitive Antwort hierauf „Ja" lauten. Solche Fälle sind aber konstruiert und bewegen sich fernab der Realität dessen, worum es in der Debatte um Redefreiheit tatsächlich geht.

Weniger realitätsfern ist die Annahme, dass der Einsatz von Gewalt (oder anderer Formen der Nötigung) zur Unterbindung von Redehandlungen legitim sein kann, wenn man von einem Gewaltmonopol des Staates ausgeht und weiterhin annimmt, dass die Gewalthandlungen in einer liberalen Demokratie vollzogen werden und dass in einem solchen Gesellschaftssystem bestimmte Gewalthandlungen durch den Staat bzw. seine Vollstreckungsorgane durch die Mehrheit der Bürger:innen autorisiert und insofern demokratisch legitimiert sein können. Es ist nicht abwegig, es legitim zu finden, wenn – wie in Köln im April 2023 geschehen – die Polizei mittels Gewalt eine pro-palästinensische Demonstration auflöst, bei der zu Gewalt gegen Israel aufgerufen und antisemitische Hassparolen verkündet werden (FAZ 16.04.2023). Hier wurden Redehandlungen, vermutlich legitimerweise, durch staatliche Gewalt unterbunden.

Auch hier gilt aber offensichtlich: Die Gründe, die eine Einschränkung von Redehandlungen mittels Gewalt rechtfertigen, müssen sehr gewichtig sein. Dies gilt auch, wenngleich in etwas abgeschwächter Form, für die Einschränkung von Redehandlungen durch nicht gewalthafte Formen der Nötigung. Die diesen Formen der Einschränkung von Redehandlungen entgegenstehenden Rechte – insbesondere das Recht auf körperliche Unversehrtheit (Art. 2 Abs. 2 GG) und das Recht auf freie Entfaltung der Persönlichkeit im Rahmen der Verfassung (Art. 2 Abs. 1 GG), im Falle von Demonstrationen auch das Recht auf Versammlungsfreiheit (Art. 8 GG) – sind so bedeutend, dass der durch diese Formen der Einschränkung von Redehandlungen zu verhindernde Schaden sehr gewichtig sein muss, um sie zu rechtfertigen. Ob diese Bedingung im Einzelfall erfüllt ist, hängt erneut davon ab, von welcher Art des Schadens hier die Rede ist. Daher kann die Frage, unter welchen Bedingungen genau eine Einschränkung von Redehandlungen mittels Gewalt oder nichtgewalthafter Nötigung legitim sein kann und ob diese Bedingungen im Einzelfall erfüllt sind, erst nach einer Unterscheidung verschiedener Formen des durch eine Einschränkung von Redehandlungen zu verhindernden Schadens beantwortet werden.

2.5 Einschränkung der Wissenschaft

Bisher war von der Einschränkung einzelner Redehandlungen die Rede. Von dieser ist die Einschränkung der Wissenschaft zu unterscheiden. Unter „Wissenschaft" ist dabei nicht das individuelle Bemühen um Erkenntnisgewinnung, sondern das System zu verstehen, innerhalb dessen sich eine Gemeinschaft der Forschenden um Erkenntnis bemüht und innerhalb dessen Individuen Wissenschaft betreiben. Wissenschaft ist also stets ein kollektives und kooperatives Unternehmen. Als solches agiert sie unter institutionellen und sozialen Rahmenbedingungen, die in Abhängigkeit vom sozialen Kontext festlegen, in welchen Institutionen (Universitäten, anderen Forschungseinrichtungen etc.) und in welcher Form sie betrieben werden kann und welche Regeln für sie gelten – etwa, welche Regeln der wissenschaftlichen Redlichkeit gelten, welche Kriterien für die Finanzierung von Forschungsvorhaben angesetzt werden und welche Entscheidungsverfahren für Stellenbesetzungen zum Tragen kommen. Wissenschaft konkretisiert sich unter diesen Rahmenbedingungen (vgl. hierzu Özmen 2021b, insbes. 29–36). Die bisher thematisierten Einschränkungen von Redehandlungen sind Einschränkungen *innerhalb* eines Wissenschaftssystems. Sie sind daher nicht mit einer Einschränkung der Wissenschaft selbst gleichzusetzen. Wenn einer Person eine Redehandlung z. B. durch Nicht-Einladung oder Ausladung verunmöglicht wird, bedeutet das, dass sie sich punktuell nicht am Prozess der wissenschaftlichen Erkenntnisgewinnung beteiligen kann, aber nicht, dass das System der Wissenschaft dadurch eingeschränkt wird.

Zu fragen ist, wie sich eine Einschränkung einzelner Redehandlungen und eine Einschränkung der Wissenschaft zueinander verhalten. Beides kann einander beeinflussen, und die Kausalität kann in beide Richtungen verlaufen: Es kann sein, dass einzelne Redehandlungen *infolge* einer Einschränkung der Wissenschaft eingeschränkt werden, eine Einschränkung der Wissenschaft also die Ursache für die Einschränkung von Redehandlungen ist. Es kann auch umgekehrt sein, dass einzelne Einschränkungen von Redehandlungen *in summa* zu einer Einschränkung der Wissenschaft als eines Systems der Erkenntnisgewinnung führen.

Zunächst zum ersten möglichen Verursachungsverhältnis. Einzelne Redehandlungen werden infolge einer Beschränkung des Systems der Wissenschaft eingeschränkt, wenn das System extern, insbesondere von staatlichen Stellen, so reguliert und gesteuert wird, dass bestimmte Redehandlungen gezielt unterbunden werden. Personen werden dann innerhalb dieses Systems bestimmte Meinungen nicht mehr ausdrücken können, weil sie unter institutionellen Rahmenbedingungen agieren, die ihnen dies unmöglich machen. Die Rechtfertigungsbedingungen für eine solche Einschränkung von Redehandlungen sind offensichtlich dermaßen anspruchsvoll, dass sie zumindest in einer liberalen Demokratie nie erfüllt sein können, denn diese Einschränkung von Redehandlungen infolge einer durch staatliche Vorgaben motivierten Einschränkung des Wissenschaftsbetriebs wäre gleichbedeutend mit der Aufgabe des Grundrechts auf freie Meinungsäußerung nach Art. 5 GG und damit eines Grundprinzips einer liberalen Demokratie. Exemplarisch sei hier an die Bedingungen erinnert, unter denen in einem Wissenschaftssystem wie demjenigen der DDR Literaturwissenschaft betrieben werden konnte. Redehandlungen wurden hier „systemisch" durch wissenschaftsexterne ideologische Verordnungen von staatlicher Stelle beschränkt (vgl. hierzu z. B. Jessen 2008 sowie die bei Cölln/Holznagel 2013 unter der Rubrik „Organisationsformen" versammelten Beiträge). In der unmittelbaren Nach-Wendezeit berichtete mir eine Literaturwissenschaftlerin, dass ihre Dissertationsschrift, an der sie jahrelang und mit Herzblut gearbeitet hatte, von ihrer Universität mit der Begründung abgelehnt worden sei, dass sie nicht den Vorgaben der marxistisch-leninistischen Literaturtheorie und des historischen Materialismus entspreche. Ihr war systemisch und durch externe Vorgaben die Möglichkeit benommen worden, sich am wissenschaftlichen Diskurs zu beteiligen und gehört zu werden. Eine Diktatur hatte ihr „die Stimme genommen".

Eine solche systemische Einschränkung von Redehandlungen infolge staatlicher Vorgaben ist durch mindestens drei Merkmale gekennzeichnet:

1. Einer Person werden nicht nur bestimmte Äußerungs*möglichkeiten* genommen, sondern ihr wird *jede* Möglichkeit benommen, sich am wissenschaftlichen Gespräch zu beteiligen. Die oben genannte Literaturwissenschaftlerin konnte ihre Dissertationsschrift nicht an einer anderen Fakultät oder anderen Universität einreichen. Ihr wurde grundsätzlich die Möglichkeit benommen, sich wissenschaftlich zu äußern. Die Einschränkung ihrer Redehandlungen war nicht lokal, sondern global.

2. Für den Fall, dass die Person sich gegen diese externen Vorgaben zu wehren versucht, treffen sie Sanktionen, die über die punktuelle Verweigerung der Möglichkeit, sich am wissenschaftlichen Gespräch zu beteiligen, hinausgehen. Die Literaturwissenschaftlerin wurde vor die Wahl gestellt, entweder eine Dissertation entsprechend den ideologischen Vorgaben einzureichen oder überhaupt nicht promoviert zu werden und damit nicht weiter wissenschaftlich arbeiten zu können. Es stand ihre gesamte berufliche Existenz auf dem Spiel. Hätte sie gegen die Nicht-Annahme ihrer Dissertationsschrift

Widerstand zu leisten versucht, hätte sie zudem mit Repressalien rechnen müssen, die möglicherweise auch Personen aus ihrem privaten Umfeld betroffen hätten. Jeder Versuch, sich gegen eine Einschränkung der Redehandlung zu wehren, wäre zusätzlich sanktioniert worden.

3. Der Widerspruch der Person gegen die Einschränkung der Redehandlung wird nicht gehört. Die Literaturwissenschaftlerin hatte keine Möglichkeit, sich außerhalb des engsten geschützten Privatraumes – vielleicht nicht einmal da – in irgendeiner Weise mit einem Protest gegen die Unterbindung ihrer Beteiligung am wissenschaftlichen Gespräch Gehör zu verschaffen. Ihr Widerspruch wäre ignoriert worden. Er hätte kein Forum gefunden, auf dem er wirksam hätte artikuliert werden können.

Es dürfte offensichtlich sein, dass keines dieser drei Merkmale in den bisher diskutierten Fällen der Einschränkung von Redehandlungen vorlag und daher in keinem dieser Fälle von einer Einschränkung von Redehandlungen *infolge* einer Einschränkung der Wissenschaft die Rede sein kann.

Zu (1): Die punktuellen Einschränkungen von Redehandlungen waren durchweg lokal, nicht global. Sie beließen den Betroffenen die Möglichkeit, sich auf andere Weisen zu äußern und am wissenschaftlichen Gespräch zu beteiligen. Peter Singer konnte seine Positionen in zahlreichen Publikationen und auch Vorträgen darlegen. Gleiches gilt für Kathleen Stock. Die gegen sie gerichteten Proteste führten nicht dazu, dass sie ihre Arbeiten überhaupt nicht mehr publizieren konnte. Auch Georg Meggle kann, was er bei der GAP-Konferenz nicht sagen konnte, andernorts sagen. Und abgesehen davon, dass die Siegener Vorträge von Thilo Sarrazin und Marc Jongen de

facto stattfanden, hier also faktisch gar keine Redehandlungen unterbunden wurden, hätte es einem, auch wenn
die Vorträge nicht stattgefunden hätten, um die Artikulationsmöglichkeiten von Sarrazin und Jongen nicht bange
sein müssen.

Zu (2): Insofern es überhaupt zu Einschränkungen von
Redehandlungen kam, drohten keinem der Betroffenen
Sanktionen, die über die punktuelle Verhinderung der
Redehandlung hinausgingen. Zwar wurde Stock – die z. B.
von einer „Bedrohung ihrer Familie" spricht – im Zuge
der gegen sie gerichteten Proteste auch mit weitergehen-
den, sich z. T. auf ihr Privatleben erstreckenden negativen
Folgen ihrer Meinungsäußerungen konfrontiert, aber diese
waren nicht vom Wissenschaftssystem selbst verordnet,
sondern Teil der außer Kontrolle geratenen Proteste. Ähnlich verhielt es sich bei Singer. Statt weitergehender Sanktionen durch das Wissenschaftssystem erfuhren sowohl
Stock als auch Singer, wie eingangs erwähnt, von zahlreichen Kolleg:innen öffentliche Bekundungen der Solidarität. Auch Georg Meggle wurde nach seiner Ausladung
durch die GAP Solidarität bekundet.

Zu (3): In allen genannten Fällen wurde Widerspruch
gegen eine Einschränkung von Redehandlungen (oder
auch gegen eine nur erwogene und diskutierte Einschränkung von Redehandlungen) durchaus gehört. Singer
konnte sich auf vielfache Weise und hörbar artikulieren,
etwa in „Wie man in Deutschland mundtot gemacht
wird", ebenso Stock. Auch Georg Meggle konnte zu den
Vorgängen um die Ausladung bei der GAP-Konferenz
Stellung nehmen. In Bezug auf den Siegener Fall wurde
sogar die bloße Möglichkeit der Einschränkung der Redehandlungen Sarrazins und Jongens zum Gegenstand einer
auch in der breiteren Öffentlichkeit durchaus hörbaren
Diskussion.

Die genannten Fälle waren also keine Fälle, in denen Redehandlungen infolge von Einschränkungen der Wissenschaft eingeschränkt wurden. Und sie sollten auch nicht als solche bezeichnet und behandelt werden. Die oben erwähnte Literaturwissenschaftlerin hätte alles Recht der Welt gehabt, von einer Einschränkung ihrer Redehandlungen infolge einer Einschränkung der Wissenschaft zu sprechen und sich als Opfer einer „Verbannungskultur" zu sehen – denn sie war es tatsächlich. Diejenigen, denen in der Bundesrepublik (oder anderen liberalen Demokratien) anno 2024 punktuell die Möglichkeit genommen wird, sich in einem bestimmten Kontext wissenschaftlich zu äußern, sind es hingegen nicht. Daher sollte man mit der Verwendung von Ausdrücken wie „Verbannungskultur" zur Bezeichnung der letztgenannten Einschränkungen äußerst vorsichtig sein. Es ist ein Gebot des Respekts gegenüber den Opfern von Diktaturen, ihnen nicht die sprachlichen Ressourcen zu nehmen, die ihnen zur Verfügung stehen, um das Spezifische ihrer Erfahrungen zu artikulieren. Wenn man angesichts von Biographien wie derjenigen der genannten Literaturwissenschaftlerin darauf insistiert, Einschränkungen wie die diskutierten als Indizien für eine „akademische Verbannungskultur" oder jedenfalls den Beginn einer solchen zu bezeichnen, fällt es schwer, dies nicht als zynisch zu empfinden.[1]

---

[1] Schönecker 2023, bes. 190 f. Schönecker definiert den Ausdruck „Verbannung" sehr eigenwillig, indem er ihn ausdrücklich auf Fälle einschränkt, in denen Menschen aus von ihnen als *moralisch* erachteten Gründen andere ausgrenzen, hingegen nicht von „Verbannung" sprechen will, wenn Menschen „aus offenkundig unmoralischen Gründen versuchen, andere in ihrer Wissenschaftsfreiheit zu beschränken, ohne selbst dabei angeblich moralische Gründe in Anspruch zu nehmen. Wenn etwa Männer versuchen, Frauen aus der Wissenschaft fernzuhalten, dann ist das sexistisch motivierte akademische Diskriminierung, aber keine Verbannung im eben erläuterten Sinne […]" (Schönecker 2023, 190). Gerade solche Fälle einer z. B. sexistisch motivierten Ausgrenzung als „Verbannung" zu bezeichnen liegt aber sehr nahe. Es leuchtet

Gegen eine bedenkenlose Verwendung eines Ausdrucks wie „Verbannung" – der dort, aber auch nur dort seinen legitimen Ort hat, wo punktuelle Einschränkungen von Redehandlungen auf systemische zurückzuführen sind – ist auch daran zu erinnern, dass Ablehnungen ein normaler Bestandteil des Wissenschaftsbetriebes sind. Man kann sich auch in einem liberalen Wissenschaftssystem nicht überall äußern, wo man sich äußern möchte. Wenn mein Aufsatzmanuskript von *Ethics* abgelehnt wird und ich stattdessen in einer anderen Zeitschrift veröffentlichen muss, ist das keine Einschränkung meines Rechts, mich wissenschaftlich zu äußern. Ansonsten wäre jede Form der Qualitätssicherung eine Einschränkung des Rederechts. Dass jemandem verwehrt wird, an einer bestimmten Stelle seine Meinung zu äußern, benimmt ihm nicht die Möglichkeit, es an anderer Stelle innerhalb des Wissenschaftssystems zu tun. Und solange er diese Möglichkeit hat, kann die Einschränkung einer Redehandlung nicht auf eine Einschränkung der Wissenschaft zurückgeführt werden.

Richtig ist aber, dass die Kausalität auch in die andere Richtung wirken, also eine punktuelle Einschränkung von Redehandlungen in der Summe und auf Dauer zu einer Einschränkung der Wissenschaft als eines Systems, das diese Redehandlungen institutionell organisiert, führen kann. Wohlgemerkt: Sie *kann* dazu führen, sie *muss* es nicht. Einschränkungen einzelner Redehandlungen können „den Beginn einer Kultur akademischer Verbannung anzeigen" (Schönecker 2023, 213). Manchmal wird

---

nicht ein, dass man den Ausdruck „Verbannung" per Definitionsentscheid so festlegt, dass genau das darunter fällt, was man als Verbannung bezeichnen und kritisieren möchte.

durch eine Einschränkung von Redehandlungen unmittelbar eine Einschränkung der Wissenschaft, also eines Systems, unterstützt. So kooperierte der Springer-Verlag 2018 bedenkenlos mit der chinesischen Zensur, indem er seine eigenen Autor:innen nach chinesischen Vorgaben zensierte und rund 1000 Beiträge löschte, die sich mit der Kulturrevolution und der gewalthaften Niederschlagung der Proteste auf dem Platz des Himmlischen Friedens („Tian'ammen-Massaker") beschäftigten (vgl. hierzu Roetz 2020; Lotter 2021, 70 f.). Er unterstützte durch die Einschränkungen einzelner Äußerungen eine Einschränkung der Wissenschaft durch staatlich-ideologische Vorgaben. Und natürlich kann dieser Effekt auch ein kumulativer sein: Wenn sich punktuelle Einschränkungen von Redehandlungen immer mehr in ein liberales Wissenschaftssystem „einschleichen", kann dies auf die Dauer zu einer Änderung des Wissenschaftssystems und damit zu einer Einschränkung von Redehandlungen durch das System der Wissenschaft führen.

Auf eine solche Gefahr – nach dem Leitspruch „Wehret den Anfängen!" – hinzuweisen ist sehr berechtigt. Jede Warnung, sensibel gegenüber den Ausweitungsgefahren zu sein, die eine Einschränkung von Redehandlungen zu einer Einschränkung der Wissenschaft werden lassen könnten, sollte ernst genommen werden. Der bedrückende Fall des Springer-Verlags zeigt, wie schnell die Grenzen vom einen zum anderen überschritten werden können. Andererseits gilt es – ebenso wie bei den Dammbruchargumenten in der Bioethik –, die berechtigte Warnung vor Ausweitungsgefahren nicht zu einem Alarmismus werden zu lassen, der das, wovor er warnt, als entweder bereits eingetreten oder als unvermeidbar eintretend darstellt. Vor dem Eintreten eines desaströsen Zustandes zu warnen ist etwas anderes, als diesen Zustand als bereits eingetreten zu behaupten oder zu behaupten, dass er *notwendig* eintreten wird, und daraus, dass die Warnung vor diesem Zustand berechtigt ist, sollte nicht gefolgert werden, dass er vorliegt oder sein Eintreten unmittelbar bevorsteht. Es war durchaus zu begrüßen, dass in der Corona-Krise die teils weitgehenden Einschränkungen bürgerlicher Rechte – etwa Ausgangsbeschränkungen und Versammlungsverbote – von einer interessierten Öffentlichkeit kritisch mit Blick darauf begleitet wurden, dass sich ein Zustand der Freiheitsbeschränkung als wahrgenommener Normalzustand einspielen und der Eindruck entstehen könnte, dass dieser keiner Rechtfertigung mehr bedürfte; diese Sorge war aber kein Grund dafür, alarmistisch eine „Corona-Diktatur" zu verkünden und das, wovor zu warnen durchaus sinnvoll war, als bereits eingetretenen Realzustand zu deklarieren. Ebenso gilt es, in der Diskussion um die Einschränkung von Redehandlungen die Sorge um die damit verbundenen Gefahren mit Realitätssinn auszubalancieren und *sowohl* wachsam gegenüber einem möglichen Übergang von Einschränkungen von Redehandlungen zu einer Einschränkung der Wissenschaft zu sein *als auch* der Versuchung zu widerstehen, eine Einschränkung der Wissenschaft zu proklamieren, wo sie nicht besteht.

Eine vorschnelle Diagnose einer Einschränkung der Wissenschaft wird dabei durch einen *confirmation bias* begünstigt, also durch die Tendenz, selektiv Belege für das zu finden, was man bestätigt wissen will (vgl. hierzu Watson 1960). Wer der Meinung ist, dass alle Wuppertaler Kriminelle sind, wird einem schnell triumphierend einen Zeitungsartikel über eine von einem Wuppertaler begangene Straftat präsentieren können. Wer der Meinung ist, dass es in Deutschland oder anderen liberalen Demokratien eine „identitätspolitische oder linke Verbannungskultur" gibt, wird einem ebenfalls Belege dafür liefern können (vgl. Schönecker 2023, 210–216). Deren diagnostische

Aussagekraft hängt allerdings – ganz abgesehen davon, dass einem das verbissene Festhalten an der Rechts-Links-Klassifizierung anno 2024 recht unzeitgemäß vorkommen kann und auch die Gleichsetzung von „identitätspolitisch" und „links" fragwürdig ist (vgl. hierzu Nieman 2023) – davon ab, dass auch Gegenevidenzen berücksichtigt und in das Gesamtbild einbezogen werden. Kann man nicht z. B. bei der Diskussion sensibler bioethischer Fragen wie Sterbehilfe und assistiertem Suizid oder bestimmter Reproduktionstechniken wie Leihmutterschaft eher von einer fortbestehenden Dominanz konservativer als von einer Dominanz „linker" Positionen sprechen? Ist nicht das Fortbestehen von Konkordatslehrstühlen in Deutschland, wenn überhaupt, dann eher ein Indiz für eine konservativ-„rechte" statt für eine „linke" „Verbannungskultur"? Findet nicht z. B. in der Flüchtlingsethik eine die Rolle des Nationalstaats betonende und gegen eine liberale Flüchtlingspolitik argumentierende Position wie diejenige David Millers (2016) durchaus Gehör und wird diskutiert? Und schließlich: Ist nicht z. B. die bloße Tatsache, dass Sarrazin und Jongen in Siegen sprechen *konnten,* ein Indiz dafür, dass es die beklagte „linke" Verbannungskultur nicht gibt? Warum sollte der vergebliche *Versuch,* auf die Unterbindung der Vorträge Sarrazins und Jongens hinzuwirken, als Evidenz für eine „linke Verbannungskultur", das faktische Stattfinden dieser Vorträge aber nicht als Evidenz dagegen gelten?

Punktuelle Einschränkungen von Redehandlungen können also nicht per se auf eine Einschränkung der Wissenschaft als auf deren systemische Ursache zurückgeführt werden. Und dass Warnungen, Einschränkungen von Redehandlungen nicht zur Einschränkung der Wissenschaft werden zu lassen, durchaus berechtigt sind, ändert nichts daran, dass, solange die Einschränkungen von Redehandlungen punktuell bleiben, auch nicht von der Einschränkung der Wissenschaft als eines Systems, in dem sich Wissenschaftler:innen um Erkenntnis bemühen, gesprochen werden kann.

Es gibt verschiedene Formen der Einschränkung von Redehandlungen. Ein Protest ist keine solche Einschränkung; eine Nicht-Einladung und eine Ausladung sowie die Verhinderung einer Redehandlung durch Gewalt oder Nötigung oder in Folge einer Einschränkung der Wissenschaft sind hingegen Einschränkungen. Diese Einschränkungshandlungen müssen unterschiedlichen, in der genannten Reihenfolge zunehmend anspruchsvolleren Rechtfertigungsbedingungen genügen.

3

Mögliche Gründe für die Einschränkung von Redehandlungen

3.1 Zur Rechtfertigungsbedürftigkeit der Einschränkung von Redehandlungen

Es dürfte konsensfähig sein, dass Einschränkungen von Redehandlungen als solche einer Rechtfertigung bedürfen. Prima facie gilt, dass zumindest in wissenschaftlichen Kontexten der Vielfalt der wissenschaftlichen Meinungen Rechnung getragen und auch und gerade denjenigen Meinungen Gehör geschenkt werden sollte, die randständig, politisch nicht erwünscht, möglicherweise verletzend sind, auch solchen, die zunächst abwegig zu sein scheinen, sofern sie eine Mindestanforderung von Rationalität erfüllen (als ausführliche und differenzierte Begründung dieses Postulats vgl. Wilholt 2012). Dass gerade solche Meinungen nicht unterdrückt werden sollten, hat John Stuart Mill in *On Liberty* einflussreich formuliert:

© Der/die Autor(en), exklusiv lizenziert an Springer-Verlag GmbH, DE, ein Teil von Springer Nature 2024
O. Hallich, *Redefreiheit in der Wissenschaft – wo sind ihre Grenzen?*, #philosophieorientiert,
https://doi.org/10.1007/978-3-662-68603-4_3

Das besondere Übel der Unterdrückung einer Meinungsäußerung liegt darin, dass sie am menschlichen Geschlecht
als solchem Raub begeht, an der Nachwelt so gut wie an
den Mitlebenden, an denjenigen, die von dieser Meinung
abweichen noch mehr als an denjenigen, die sie vertreten.
Wenn die Meinung richtig ist, werden sie der Möglichkeit
beraubt, Irrtum gegen Wahrheit auszutauschen; wenn sie
falsch ist, verlieren sie, was fast eine genauso große Wohl-
tat ist, die deutlichere Wahrnehmung und den lebhafteren
Eindruck der Wahrheit, die durch deren Konfrontation
mit dem Irrtum entstehen. (Mill 2009, 55, Übers. OH).

Weil es ein Prima-facie-Gebot gibt, widerstreitenden
Meinungen Gehör zu verschaffen, bedarf die Einschränkung von Redehandlungen, mit denen solche Meinungen
kundgetan werden könnten, der Angabe rechtfertigender
Gründe. Rechtfertigungen sind Verteidigungen, die angesichts eines prima facie bestehenden und begründeten
Vorwurfs eines Normverstoßes nötig sind (vgl. Stemmer
2010, 112–116). Weil einer Einschränkung von Redehandlungen eine solche Norm entgegensteht, gegen die
verstoßen zu haben jemandem vorgehalten werden kann,
muss sie gerechtfertigt werden.

Ebenso einleuchtend wie die Tatsache, dass Einschränkungen von Redehandlungen grundsätzlich einer Rechtfertigung bedürfen, ist aber auch, dass diese Einschränkungen manchmal gerechtfertigt werden können. Redehandlungen sind Handlungen, und als solche unterliegen
sie wie alle Handlungen normativen Restriktionen. Außerhalb des wissenschaftlichen Kontextes ist das selbstverständlich. Man lernt in der ersten Grundschulklasse, dass
man nicht nach Belieben reden kann, wenn einem danach
ist; auch dass man während einer Theateraufführung dem
eigenen Redebedürfnis nicht ungehemmt Lauf lassen darf,
wird weitgehend akzeptiert. Auch im wissenschaftlichen

Kontext sind Redehandlungen Einschränkungen unterworfen. Auch in der Wissenschaft darf man nicht alles sagen, was man sagen möchte, und was man sagen darf, darf man nicht auf jede beliebige Weise sagen. In der traditionellen Terminologie von „Freiheit" und „Freiheitseinschränkung" würde man dies wie folgt ausdrücken: Es wäre abwegig, sich in diesem Bereich auf einen „Fundamentalismus der Redefreiheit" berufen und überhaupt keine Einschränkungen von Redehandlungen zulassen zu wollen. Gemäß dem Grundsatz *In dubio pro libertate* ist jedoch nicht derjenige begründungspflichtig, der eine Redehandlung nicht einschränken möchte, sondern derjenige, der es tun möchte. Er muss Gründe, und zwar nicht nur erklärende, sondern rechtfertigende Gründe dafür anführen.

Als ein überaus plausibler Rechtfertigungsgrund für eine Einschränkung von Redehandlungen kann ein *Schaden* angesehen werden, der infolge eines Verzichts auf eine Einschränkung der Redehandlung zu erwarten ist. Auch das „No-Harm-Prinzip", dem zufolge die Schädigung anderer ein – aber auch der einzige – Rechtfertigungsgrund für eine Beschränkung des individuellen Handlungsspielraums ist, hat Mill in *On Liberty* einflussreich und klassisch formuliert:

Das Ziel dieser Abhandlung ist es, einen sehr einfachen Grundsatz zu bekräftigen, der in der Lage ist, den Umgang der Gesellschaft mit dem Individuum in Bezug auf Zwang und Kontrolle vollständig zu regeln, ob die Mittel dazu nun physischer Zwang in Form von gesetzlichen Strafen oder moralischer Druck durch die öffentliche Meinung sind. Dieses Prinzip besagt, dass der einzige Zweck, der die Menschheit, einzeln oder kollektiv, dazu berechtigt, in die Freiheit eines ihrer Mitglieder einzugreifen, der Selbstschutz ist. Dass der einzige Zweck, um dessentwillen man

rechtmäßig Macht über ein Mitglied einer zivilisierten Gesellschaft gegen dessen Willen ausüben kann, derjenige ist,
die Schädigung anderer zu verhindern. (Mill 2009, 33–35,
Übers. OH).

Aber offensichtlich ist die Rede von „einem Schaden", der
eine Einschränkung von Redehandlungen potentiell rechtfertigen kann, noch unterbestimmt. Sie muss präzisiert
werden. *Welcher* Schaden kommt hier in Betracht, den
verhindern zu wollen eine Einschränkung von Redehandlungen rechtfertigen könnte? Wenn diese Frage beantwortet ist – aber auch erst dann –, können die möglichen
Gründe für Einschränkungshandlungen zu den in Kap. 3
unterschiedenen Formen von Einschränkungshandlungen
in Bezug gesetzt werden, und es kann dann nach dem normativen Status einzelner Einschränkungshandlungen gefragt werden.

3.2 Falschheit

Ein erster möglicher Kandidat für einen durch die Einschränkung von Redehandlungen zu verhindernden Schaden wäre die Falschheit der geäußerten Ansichten. Mit
Verweis auf das oben angeführte Zitat Mills ließe sich dieser Kandidat recht umstandslos als untauglich zurückwei-
sen, und zweifellos ist Mills Argument gegen Falschheit als
Ausgrenzungsgrund auch im Kern zutreffend: Es ist – ganz
abgesehen von dem grundsätzlichen erkenntnistheoreti-
schen Vorbehalt, dass wir uns zumindest in wissenschaftlichen Kontexten im Allgemeinen nicht sicher sein können, wann eine Meinung wahr oder falsch ist, und daher
im Allgemeinen keine zwingenden Gründe haben, sie als
falsch zurückzuweisen – evident, dass auch und gerade die
Auseinandersetzung mit falschen Meinungen der Wahr-

heitsfindung dient, da die Auseinandersetzung mit ihnen und die Aufdeckung der Gründe, aus denen sie falsch sind, einer Ermittlung wahrer Meinungen zuträglich sind. Zur Erkenntnis des Wahren gelangen wir im Prozess der Wissenschaft nur durch Identifikation des Falschen, und darum ist die Falschheit einer Ansicht kein Grund für die Einschränkung einer Redehandlung. Daher kann der Grund dafür, z. B. von einer Einladung Sarrazins abzusehen, nicht in der Falschheit der von ihm vertretenen Ansichten liegen.

Dabei ist allerdings zu berücksichtigen, dass es bestimmte Falschheiten gibt, die nicht mehr – im Sinne Mills – epistemisch nützlich zur Ermittlung der Wahrheit sind. Manche Falschheiten haben als Sparringspartner der Wahrheit entweder ausgedient oder sind gar nicht geeignet, diese Funktion zu erfüllen. Wer meint, dass die Erde eine Scheibe ist oder dass Homosexualität Erdbeben verursacht, vertritt eine nicht nur falsche, sondern *abwegig* falsche Position, und diese Abwegigkeit wird ein nachvollziehbarer Grund sein, die Person nicht einzuladen – wobei natürlich zu beachten ist, dass die Rede von „Abwegigkeit" sehr missbrauchsanfällig ist und keineswegs zu früh oder bedenkenlos strapaziert werden sollte. Es gibt – auch in der Philosophie – einen Kernbestand gesicherten wissenschaftlichen Wissens, der beim Bemühen um Wahrheitsfindung als *common ground* des Diskurses vorausgesetzt werden muss (vgl. hierzu Schnädelbach 2012) und den zu ignorieren ein Grund dafür sein kann, eine Person nicht zu einer wissenschaftlichen Veranstaltung einzuladen. Auch in diesem Fall ist es aber nicht die Falschheit der von der Person vertretenen Position an sich, die einen Zurückweisungsgrund darstellt, sondern die Tatsache, dass jemand, der diese Ansicht vertritt, dadurch eine Einstellung der Rationalitätsverweigerung an den Tag legt und sich grundlegenden Standards der Wissenschaftlichkeit verweigert. Diese rationalitätsverweigernde Einstellung, nicht die Falschheit, ist dann der Einschränkungsgrund für die Redehandlung (s. hierzu Abschn. 3.3).

Zudem ist auch keineswegs selbstverständlich, dass die Falschheit einer Ansicht auch dann keinen Grund für die Einschränkung einer Redehandlung darstellt, wenn nicht von Wahrheit oder Falschheit allgemein, sondern spezifischer von der Wahrheit oder Falschheit *moralischer* Ansichten die Rede ist. Es ist behauptet worden, dass sich die Frage nach der Legitimität der Einschränkung von Redehandlungen nicht von inhaltlichen Auseinandersetzungen über erörterte *moralische* Ansichten entkoppeln lässt. Dieser Position zufolge würde z. B. jemand, der die These Singers, dass Infantizid unter bestimmten Umständen moralisch erlaubt ist, als falsch ablehnt, auch über einen Rechtfertigungsgrund dafür verfügen, Singer an der Verbreitung dieser Ansicht hindern zu wollen. Ein Argument für diese Position ist von Anselm Müller vorgetragen worden, dem zufolge die moralische Qualität einer Handlungsweise auf die moralische Qualität einer Urteilsäußerung zugunsten dieser Handlungsweise „abfärben" und daher auch die Nicht-Duldung dieser Äußerung legitimieren kann (Müller 2000, 32 f.). Er illustriert dies am Beispiel eines fingierten wissenschaftlichen Vortrages über die Legitimität von Folter: Würde jemand öffentlich darüber sprechen wollen, unter welchen Umständen Folter gerechtfertigt ist, könnte ein privater Veranstalter nach Müller zu Recht die Aufnahme des Vortrags in sein Programm mit der Begründung verweigern, dass die absolute Unerlaubtheit von Folter auf den angebotenen Vortrag und damit mittelbar auf jede Beteiligung an der Diskussion des Themas „abfärbt". Dafür könne er vier Gesichtspunkte anführen: Erstens hätte die Veranstaltung möglicherweise Einfluss auf die Einstellung mancher Hörer zum Thema Folter, zweitens würde der Vortrag anwesende Personen, die zur Grausamkeit neigen, dazu ermuntern, moralische Hemmschwellen zu überwinden, drittens wäre die Ablehnung des Vortrags eine Forderung der Solidarität mit Menschen, die tatsächlich gefoltert wurden, und viertens würde durch die Veranstaltung das Beispiel eines Menschen gegeben, der eine tragende Säule menschlichen Zusammenlebens und Vertrauens zur Disposition stellt.

Selbst wenn man aber annimmt, dass die Fraglosigkeit der moralischen Beurteilung der entsprechenden Praxis gegeben ist – wofür Folter kein optimales Beispiel sein mag, denn im Zusammenhang des Frankfurter „Falles Daschner" wurde durchaus kontrovers diskutiert, ob in bestimmten Grenzsituationen „Rettungsfolter" oder zumindest deren Androhung legitim sein könnte –, selbst wenn man also annimmt, dass die vertretene moralische Ansicht *fraglos* falsch ist, bleibt die Frage, worauf genau die moralische Qualität der erörterten Handlungsweise „abfärbt". Nach Müller würde sie auf das Dulden einer Diskussion über die fragliche Praxis, die deren Verwerflichkeit nicht schon voraussetzt, abfärben, denn ein solches Dulden würde von einem „moralischen Defekt" zeugen, der in einem Mangel an Durchdrungensein von dem Schrecklichen, das Folter für die Betroffenen bedeutet, besteht (Müller 2000, 33). Allerdings ist zweifelhaft, ob das Dulden der Diskussion um eine moralisch fraglos verwerfliche Handlungsweise ein Grund für ein moralisches Unwerturteil über den Duldenden und ein Argument gegen die Duldung wäre. Man kann es zweifellos nicht lohnend, abwegig, überflüssig, dumm oder grotesk finden, über abstruse Thesen zu diskutieren. Eine Konferenz, auf der diskutiert wird, ob die Erde eine Scheibe ist, würde man im Allgemeinen nicht besuchen wollen. Man hätte Besseres zu tun. Gleiches mag für die Diskussion von moralisch abwegigen und eindeutig falschen Ansichten gelten. Aber das heißt nicht, dass dadurch das Dulden einer Diskussion über diese Ansichten moralisch schlecht würde. Die moralische Schlechtigkeit der Handlungsweise, zugunsten derer ein Redner plädiert – selbst wenn diese fraglos ist –, begründet nicht die Schlechtigkeit der Duldung der Äußerung, mit der diese Handlungsweise gutgeheißen wird, sondern allenfalls die Schlechtigkeit der Duldung dieser Handlungsweise selbst. Aus „Handlungsweise H ist moralisch schlecht" folgt möglicherweise: „Es ist schlecht, H zu dulden" (wenngleich auch dies noch ausführlich begründet werden müsste und nur bei Vorliegen bestimmter Zusatzbedingungen gilt), aber sicherlich nicht: „Es ist schlecht, die Äußerung ‚H ist gut' zu dulden". Man kann zweifellos, ohne moralischen Tadel zu verdienen, eine Äußerung zugunsten dieser Praxis dulden, ohne die Praxis selbst für tolerabel zu halten. Zudem kann man widerspruchsfrei der Meinung sein, dass es eine Pflicht geben kann, einer Ansicht im Rahmen einer wissenschaftlichen Diskussion zu widersprechen, ohne die Ansicht für „indiskutabel" zu halten, also ohne damit die Duldung der Äußerung, in der diese Ansicht zum Ausdruck kommt, und eine Diskussion dieser Ansicht für falsch zu halten.

Genauer: Von der Falschheit des Satzes „H ist moralisch legitim" ist weder auf die Falschheit der Äußerung dieses Satzes noch auf die Falschheit der Duldung einer solchen Äußerung z. B. im Kontext einer wissenschaftlichen Konferenz zu schließen. Das eine ist es, sich auf einen *Satz* über eine Handlungsweise zu beziehen und zu fragen, ob dieser wahr oder falsch ist. Etwas anderes ist es, sich auf eine *Äußerung,* also eine pragmatische Redeeinheit, auf die Verwendung eines Satzes im Kontext eines Sprechaktes, zu beziehen und zu fragen, ob diese gerechtfertigt oder moralisch legitim ist. Wahrheitsbedingungen sind nicht identisch mit den Bedingungen der gerechtfertigten Äußerung eines Satzes. Ob eine Äußerung als gerechtfertigt oder moralisch legitim gilt oder nicht, kann von der Wahrheit

des in ihr verwendeten Satzes ganz unabhängig sein. Eti-
ketteregeln verbieten die Äußerung von Sätzen ungeachtet ihrer Wahrheit. Auf jemandes beschränkte Intelligenz
hinzuweisen gilt im Allgemeinen auch dann als untersagt,
wenn der Satz „Er ist dumm" zweifellos wahr ist. Umgekehrt gilt, dass man einen Satz, auch einen moralischen
Satz, für falsch halten und dennoch glauben kann, dass es
gute Gründe für seine Äußerung gibt, insbesondere weil
man glaubt, dass die Äußerung dem Erkenntnisgewinn
dient, und die darin ausgedrückte Ansicht für interessant
und diskussionswürdig erachtet und meint, dass sie öffent-
licher Kritik ausgesetzt werden sollte. Die Einstufung eines
Satzes als wahr oder falsch und die Einstufung der Äußerung dieses Satzes als legitim oder illegitim, moralisch erlaubt oder verboten sind voneinander unabhängig. Und
so wenig, wie aus der Falschheit eines moralischen Satzes
die moralische Falschheit der Äußerung dieses Satzes folgt,
folgt daraus auch die Falschheit der Duldung einer solchen
Äußerung.

Auch die Falschheit eines *moralischen* Satzes ist also kein
Grund für eine Einschränkung einer Redehandlung. Eine
solche Falschheit ist kein Schaden, den es potentiell durch
die Einschränkung einer Redehandlung zu verhindern gilt.

3.3 Moralische Komplizenschaft und Diskursverweigerung

Allerdings kann – und dies ist der wahre Kern des oben
genannten Arguments Anselm Müllers – eine (aufrichtige)
Äußerung eines Sprechers eine *Einstellung* dieses Sprechers
zum Ausdruck bringen, die man aus moralischen Gründen
ablehnt und deren Ablehnung potentiell einen Grund für
die Einschränkung einer Redehandlung darstellen kann.

Ein Sprecher kann z. B. eine rassistische oder sexistische Einstellung an den Tag legen, von der man sich durch die Einschränkung seiner Redehandlungen distanzieren möchte. Dieser Einschränkungsgrund ist personenbezogen. Es gibt, so die Überlegung, ein moralisch begründetes Gebot, die Distanz zu Personen zu wahren, die solche Haltungen an den Tag legen, weswegen z. B. einige der zur Siegener Veranstaltung eingeladenen Redner:innen nicht zusammen mit Sarrazin und Jongen, die sie als Rassisten wahrnahmen, in einer Veranstaltungsreihe sprechen wollten und andere dafür plädierten, Sarrazin und Jongen gar nicht erst einzuladen. Der Verzicht auf die Einschränkung einer Redehandlung einer Person mit z. B. rassistischen oder sexistischen Einstellungen, insbesondere die Einladung einer solchen Person, kann als distanzunterschreitend und darum als Form der moralischen Komplizenschaft, die es zu vermeiden gilt, empfunden werden. Man will sich mit Rassist:innen und Sexist:innen nicht gemein machen.

Dieser Einschränkungsgrund basiert auf einem in der Diskussion um Wissenschaftsfreiheit erstaunlicherweise völlig ignorierten Faktor: auf der sozialen Bedeutung einer wissenschaftlichen Veranstaltung als eines kooperativen und gemeinschaftlichen Unternehmens. Teilnehmer einer wissenschaftlichen Veranstaltung bekunden einander durch soziale Handlungen wie Einladungen, Zuhören und wohlwollend-kritisches Diskutieren vorgetragener Meinungen Respekt und Wertschätzung. Einladungen sind per se freundliche Gesten; auch eine Einladung zu einem wissenschaftlichen Vortrag ist es. Zwar sind die Teilnehmer einer wissenschaftlichen Veranstaltung, wie man weiß, einander keineswegs notwendig in inniger Liebe oder tiefer Freundschaft zugetan, aber die sozialen Handlungen, die sie ausführen, bekunden doch ein gewisses Maß an Verbundenheit mit anderen als Teilnehmern am gemeinsamen Unternehmen der Erkenntnissuche. Manchmal aber will man jemandem gegenüber eine solche Verbundenheit nicht bekunden. Mit manchen Menschen möchte man sich nicht in einem Raum aufhalten; man möchte ihnen nicht an Stehtischen salzstangenknabbernd im Modus des freundlich-unverbindlichen Konferenz-Geplauders („Und woran arbeiten Sie gerade?") begegnen. Man möchte nicht auf Conference Dinners neben ihnen sitzen und ihnen durch zugewandtes und wohlwollendes Zuhören den Respekt erweisen, den sie selbst vermissen lassen. Man möchte sich nicht als Gastgeber einer Konferenz für ihr Wohlergehen verantwortlich fühlen. Man möchte zu ihnen aufgrund der von ihnen an den Tag gelegten Einstellung eine soziale Distanz wahren, die mit der gemeinsamen Teilnahme an einer Konferenz unverträglich ist. Der jüdische Literaturkritiker Marcel Reich-Ranicki schildert in seiner Autobiographie, wie unwohl er sich bei einem Empfang fühlte, bei dem, wie er zu seinem Entsetzen feststellen musste, auch der Kriegsverbrecher Albert Speer eingeladen war und wie unerträglich er es fand, in scherzhaftes Geplauder mit Speer einbezogen zu werden (Reich-Ranicki 1999, 480–483). Er wollte dem NS-Verbrecher nicht, schon gar nicht im Tonfall freundlichen Partygeplauders begegnen. Aus einem solchen Grund kann man auch den Kontakt mit z. B. Rassist:innen oder Sexist:innen bei einer Konferenz vermeiden wollen und einen solchen Kontakt als unangebrachte Form der moralischen Komplizenschaft, als unpassende Freundlichkeit gegenüber denen, die sie nicht verdienen, auffassen.

Eine solche Distanznahme hat nichts mit verweigerter Kenntnisnahme der Positionen zu tun, die die Personen vertreten. Mit der Bereitschaft und sogar dem Wunsch, diese Positionen zur Kenntnis zu nehmen, ist sie durchaus verträglich. Man kann sie insbesondere lesend zur Kenntnis nehmen und wird dies häufig tun wollen. Man hat im Allgemeinen keine moralischen Skrupel, die Erinnerungen des Auschwitz-Kommandanten Rudolf Höß zu lesen (wenngleich vermutlich nur, weil man weiß, dass der Autor nicht vom Verkaufserfolg des Buches finanziell profitiert), aber man würde ihrem Verfasser nicht anders als mit Abscheu und Ekel begegnen und ihn keines freundlichen oder auch nur neutralen Blickes würdigen wollen. Zu lesen, was jemand schreibt, ist das eine; ihm im sozialen Kontext einer Konferenz freundlich zu begegnen ist ganz etwas anderes. Die Vermeidung von Komplizenschaft bezieht sich auf letzteres.

Das bedeutet auch: Eine Einschränkung von Redehandlungen zur Vermeidung moralischer Komplizenschaft mit denjenigen, die (z. B.) eine rassistische oder sexistische Einstellung an den Tag legen, ist, insofern sie legitim ist, unabhängig davon legitim, dass die Person die Einstellung, die Grund für die Distanzierung von ihr ist, bei der wissenschaftlichen Veranstaltung explizit kundtun wird. Man stelle sich z. B. vor, ein bekennender Neonazi sei ein brillanter Modallogiker, und die Frage ist, ob er zu einer Konferenz über Modallogik, bei der er garantiert seine nazistischen Einstellungen *nicht* kundtun wird, eingeladen werden soll oder nicht. Würde die Unanstößigkeit dessen, was die Person auf der Konferenz sagen würde, etwas daran ändern, dass der Wunsch nach Vermeidung moralischer Komplizenschaft mit den Einstellungen, die sie in anderen Kontexten kundgetan hat, ein legitimer Grund für die Einschränkung ihrer Redehandlungen wäre? Wenn der Grund für die Vermeidung von moralischer Komplizenschaft das soziale Setting einer Konferenz als eines als kooperativ definierten Unternehmens ist, bei dem man einander Wertschätzung erweist, dann lautet die Antwort hierauf: Nein. Einem bekennenden Neonazi würde man auch dann nicht höflich-zugewandt begegnen wollen, wenn er über Modallogik spricht. Der Grund für den

Wunsch nach Distanzierung von der Person wäre ja nicht, dass sie sich aller Voraussicht nach durch ihre Redehandlungen dabei ertappen ließe, eine nazistische Einstellung zu haben, sondern derjenige, dass sie diese Einstellung hat. Das aber wäre unabhängig vom Thema des Vortrages und der Konferenz der Fall.

Daher meine ich – entgegen der z. B. von Jaster/Keil (2021, 148) und vielen anderen vertretenen Mehrheitsmeinung –, dass Defizite und moralische Vorurteile und bestimmte Ideologien eine Person auch für eine Einladung zu einer Veranstaltung über andere Gegenstände als die ideologisch besetzten disqualifizieren und die Entscheidung über die Einschränkung einer Redehandlung zur Vermeidung moralischer Komplizenschaft häufig nicht themenspezifisch zu treffen ist. Dies wird zur Konsequenz haben, dass die epistemischen Kosten einer solchen Distanzierung in denjenigen Disziplinen besonders hoch sind, in denen sich die Forschung primär in Konferenzbeiträgen und nur sekundär in Publikationen abspielt. Ob im konkreten Einzelfall Defizite eine Person nur themenspezifisch oder allgemein für den Diskurs disqualifizieren, hängt vermutlich (auch) davon ab, wie tief sie das Bild einer Person beeinflussen, ob sie als bloße „Makel" und „Schönheitsfehler" angesehen werden können oder als die Persönlichkeit als ganze definierende Charaktermerkmale zu gelten haben. Ist letzteres der Fall, ist zudem zu fragen, ob eine Person nicht in dem Sinne als Diskurspartner akzeptiert werden kann, dass man ihre Ansichten lesend zur Kenntnis nimmt und darauf reagiert, ohne dass man ihr aber auf einer Konferenz begegnen, ihr die Hand schütteln und ihr aufmerksam zuhören wollen würde. Demnach spräche zwar nichts dagegen, ein fachlich überzeugendes Manuskript eines Modallogikers ungeachtet seiner nazistischen Einstellung für eine Buchpublikation zu akzeptieren, aber man hätte aufgrund der sozialen Signifikanz einer

Konferenz als einer Versammlung von einander Wertschätzung erweisenden Wissenschaftler:innen durchaus einen Grund, einen überzeugten Nazi auch nicht zu einer Konferenz über Modallogik einzuladen, auf der er seine Einstellung zu erkennen zu geben keinen Anlass hätte und dies voraussichtlich auch nicht tun würde. Diese Ansicht ist natürlich damit verträglich, dass man *erst recht* Grund dazu hätte, ihn nicht zu einer Konferenz über Flüchtlingsethik einzuladen, auf der er seine nazistischen Einstellungen mehr oder minder unverhohlen kundtun könnte. *Nicht* relevant ist dabei, ob die Person *bona fide,* nach bestem Wissen und Gewissen spricht, wie dies Patzig (2000, 20) meint, denn vermutlich kann z. B. auch jemand, der Antisemitismus propagiert, „nach bestem Wissen und Gewissen" handeln, wenn er im Glauben spricht, damit die richtige Weltauffassung zu verkünden und zu fördern.

Allerdings: Die Zuschreibung einer z. B. rassistischen, sexistischen oder auf andere Weise diskriminierenden Einstellung muss, um als Grund für die Einschränkung einer Redehandlung in Betracht zu kommen, sehr gut begründet und wohlfundiert sein. Die bloße Reproduktion von Vorurteilen und kursierenden Schlagworten („Sarrazin ist ein Rassist!", „Stock ist transphob!") oder die unkritische Übernahme des Geplappers derer, die sich ihrer eigenen moralischen Überlegenheit, um sie nicht handelnd unter Beweis stellen zu müssen, bevorzugt auf dem Wege der Denunziation anderer versichern, reicht dafür bei weitem nicht aus. Es ist nicht unbillig zu erwarten, dass man Sarrazins und Stocks Schriften gelesen hat, bevor man deren Autor/in als „rassistisch" oder „transphob" bezeichnet, und nicht einfach, um sich weitere Mühen zu ersparen, annimmt, dass es mit dem, was die Leute über Sarrazin und Stock so reden, schon seine Richtigkeit haben müsse. Dass die Einschränkung einer Redehandlung zur Vermeidung von moralischer Komplizenschaft gerechtfertigt werden kann, *wenn* jemand ein Rassist ist, heißt nicht, *dass* er es ist. In Bezug auf Singer, Sarrazin und Stock wird daher noch zu fragen sein, ob die ihnen zugeschriebenen behindertenfeindlichen, rassistischen oder transphoben Einstellungen ihnen auch zu Recht zugeschrieben werden können.

Ebenfalls einstellungsbezogen ist eine Einschränkung von Redehandlungen, wenn diese sich nicht auf eine z. B. rassistische oder sexistische Einstellung bezieht, die man aus moralischen Gründen ablehnt, sondern auf eine Einstellung der Rationalitätsfeindlichkeit und der Diskursverweigerung. Auch eine solche Einstellung eines potentiellen Sprechers kommt als Grund für eine Einschränkung einer Redehandlung in Betracht. Auch sie wird man ablehnen, wenngleich man die Ablehnungsgründe hier wohl nicht als moralische Gründe qualifizieren und sie auf den Kontext einer wissenschaftlichen Veranstaltung, nicht aber notwendig auf andere soziale Kontexte beziehen wird. In einem solchen wissenschaftlichen Kontext ist von einer Person, die als Sprecherin auftritt, zu erwarten, dass sie Diskurstugenden wie die Bereitschaft zur Selbstkritik und zu Offenheit gegenüber Einwänden und Gegenargumenten an den Tag legt, dass sie ihre Zuhörer nicht überreden, sondern überzeugen will und grundsätzlich am Ziel der Wahrheitsfindung interessiert ist. Tut sie dies nicht – und zwar nicht, weil sie unfähig dazu ist, diese Diskurstugenden zu praktizieren, sondern weil sie sie nicht praktizieren will –, bekundet sie dadurch eine Einstellung der Rationalitätsverweigerung, die sie als Rednerin auf einer wissenschaftlichen Veranstaltung ungeeignet macht (vgl. zur Ausarbeitung dieses tugendethischen Kriteriums Jaster/Keil 2021, 152–158, und insbes. Jaster/Keil 2022a und 2022b). Dies anzuerkennen ist vereinbar damit, dass man in anderen Redekontexten als denen einer wissenschaftlichen Veranstaltung die Praktizierung dieser

Diskurstugenden für nicht erwartbar, vielleicht sogar für hinderlich hält. Man kann, die Eigengesetzlichkeit des Politischen anerkennend, eingestehen, dass z. B. die Diskurstugend der Bereitschaft zur Selbstkritik und zur Offenheit für Argumente der Gegenseite im politischen Raum kontraproduktiv sein kann, und jemand, der sich aufgrund einer Einstellung der Rationalitätsverweigerung für eine wissenschaftliche Konferenz disqualifiziert, kann als Redner auf einer Karnevalssitzung hervorragend geeignet sein.

Dass auch jemand, der schlicht un*fähig* ist, diese Diskurstugenden zu praktizieren, als Redner nicht in Betracht kommt, wird man als normalen Teil der Qualitätskontrolle bei wissenschaftlichen Veranstaltungen in Anschlag bringen; eine solche Unfähigkeit stellt aber keinen auf die Einstellung der Person bezogenen Grund für die Einschränkung ihrer Redehandlungen dar. Die Frage, ob jemand eine Fähigkeit zur Ausübung dieser Diskurstugenden nicht hat oder sie hat, aber nicht ausüben will, wird für eine konkrete Einladungsentscheidung häufig nur von theoretischem Interesse sein. Ob Alice Weidel zur rationalen Argumentation nicht fähig oder nicht willens ist, muss einen nicht interessieren, wenn man sich fragt, ob man sie zu einer Konferenz über Migrationsethik einladen sollte.

Auch die Zuschreibung einer Einstellung der Rationalitätsfeindlichkeit und Diskursverweigerung bedarf, um als Grund für die Einschränkung einer Redehandlung in Betracht zu kommen, sehr guter Gründe. Die oben zitierte Begründung des GAP-Vorstandes für die Ausladung Georg Meggles von der Berliner GAP-Konferenz 2022 legt – zumindest im ersten der beiden angeführten Ausladungsgründe – nahe, dass man sich zu diesem Schritt entschlossen habe, weil die Unterstützung der kruden Verschwörungstheorie des „Great Reset" auf eine solche Haltung der Rationalitätsverweigerung schließen lasse, die einen legitimen Ausladungsgrund darstelle. Diese Zuschreibung einer solchen Einstellung der Diskursverwei-gerung aber ist (oder, wenn sie nicht vom GAP-Vorstand intendiert war: wäre) im Falle von Georg Meggle eindeutig unberechtigt (gewesen). Zwar stimmt es zweifellos, dass die Propagierung einer bizarren Verschwörungstheorie „den epistemischen Standards" der *Gesellschaft für Ana-lytische Philosophie* widerspricht. Als Grund für eine Aus-ladung Georg Meggles wäre dieser Hinweis aber nur dann überzeugend gewesen, wenn man Georg Meggle selbst allein aufgrund der Tatsache, dass er diesen Appell unter-schrieben hat, eine Einstellung der Rationalitätsverwei-gerung hätte zuschreiben können, von der anzunehmen ge-wesen wäre, dass sie bei der GAP-Konferenz zum Tragen kommen würde. Das aber ist nicht der Fall. Ob man einer Person, die diesen Appell unterzeichnet hat, eine Einstel-lung der Diskursverweigerung und der Rationalitätsfeind-lichkeit zuschreiben kann oder nicht, wird man im Lichte dessen zu entscheiden haben, was man sonst über die Person weiß. Über Michael Ballweg – ebenfalls einer der Erstunterzeichner des „Zweiten Krefelder Appells", wäh-rend der Pandemie Initiator diverser Aktionen gegen eine „Corona-Diktatur" und verquer denkender Verschwö-rungstheoretiker – weiß man genug, um ihm eine solche Einstellung zuschreiben zu können. In seinem Fall war die Unterzeichnung des Appells ein Indiz mehr für das Vor-liegen einer solchen Einstellung. Über den renommierten analytischen Philosophen Georg Meggle weiß man genug, um sagen zu können, dass ihm eine solche Einstellung nicht zuzuschreiben ist. Dass seine Publikationen und sonstigen Äußerungen in puncto „Bereitschaft zur Ein-haltung von Rationalitätsstandards" über jeden Zweifel erhaben sind, bedarf keiner weiteren Ausführungen. Ange-sichts dessen wäre es merkwürdig, das bloße Unterzeich-nen eines kruden Anti-Nato-Appells – der im Übrigen, so abstrus er ist, weder verfassungsfeindlich ist noch einen

Aufruf zur Gewalt darstellt, dessen Unterzeichnung also auch keine Notwendigkeit begründet, sich moralisch von den Unterzeichnenden zu distanzieren – zur Grundlage einer Zuschreibung einer Einstellung der Rationalitätsverweigerung zu machen. Die punktuelle Unterstützung einer bizarren Äußerung durch eine Unterschrift lässt schlicht keinen Rückschluss auf eine stabile Einstellung des Unterzeichnenden zu und ist für deren Zuschreibung eine zu schwache Begründungsgrundlage (was nicht zuletzt dadurch belegt wird, dass sich Georg Meggle sehr bald nach der GAP-Ausladung vom „Zweiten Krefelder Appell" distanziert hat).

Zu Recht hat Sibylla Lotter darauf hingewiesen, dass einer solchen Zuschreibung einer Einstellung der Rationalitätsverweigerung aufgrund der Unterzeichnung eines nicht den epistemischen Standards der GAP entsprechenden Appells ein völlig überzogenes Ideal der Rationalität von Wissenschaftler:innen zugrunde liegt (Lotter 2022). Wissenschaftler:innen sind zwar als solche dem Ideal der Rationalität verpflichtet, entsprechen dem aber nicht in jeder Lebenssituation und nicht in jeder Funktion, in der sie sich äußern – was auch nicht zu erwarten ist. Jemandem, dessen Diskursbereitschaft und Rationalität außer Frage stehen, ist nicht vorzuwerfen, dass er diese Eigenschaften nicht immer und bei allen Anlässen maximal zur Geltung gebracht hat. Wer ohne Sünde ist, der werfe den ersten Stein, und wer als Wissenschaftler:in nicht schon einmal Unfug geredet oder „So ist es!" gerufen hat, wenn andere Unfug geredet haben, der spreche die erste Ausladung aus. Die Ausladung Georg Meggles ließ es an der Tugend der Großzügigkeit und am angemessenen Ausbalancieren der Verdienste einer Person mit der punktuellen Unterstützung eines kruden Appells fehlen. Sie war kleinkariert.

Auch wäre es – dies zum zweiten der vom GAP-Vorstand in seiner Erklärung genannten Gründe für die Ausladung Georg Meggles – kaum notwendig gewesen, sich bei der Veranstaltung von der Unterzeichnung des Appells durch Georg Meggle explizit zu distanzieren. Man hätte sie auf die feine englische Art einfach unerwähnt lassen können. Hätte der GAP-Vorstand sie dennoch einer Erwähnung für nötig erachtet, hätte nichts dagegen gesprochen, dass die Moderatorin zu Beginn der Veranstaltung kurz darauf hingewiesen hätte, dass die Einladung Georg Meggles nicht bedeute, dass man sich als philosophische Fachgesellschaft mit den Positionen identifiziert, die er öffentlich unterstützt – was allerdings ohnehin selbstverständlich ist und daher kaum der Erwähnung bedurft hätte.

Von dieser Kritik an der Ausladung Georg Meggles unbenommen bleibt allerdings das Recht der GAP und des sie repräsentierenden Vorstands, sich dagegen zu verwahren, dass Georg Meggle den Appell zunächst als „Ehrenpräsident der Gesellschaft für Analytische Philosophie" unterzeichnet und damit suggeriert hatte, im Namen der Fachgesellschaft zu sprechen. Die GAP hatte zweifellos das Recht, sich nicht als Fachgesellschaft für die persönliche Position eines ihrer Mitglieder vereinnahmen zu lassen, und sie hatte das Recht, sich hiervon, auch öffentlich, zu distanzieren. Das Ausmaß an sozialer Irritation, das dem Eingeladenen dadurch entstanden wäre, dass eine Moderatorin zu Beginn der Veranstaltung darauf hingewiesen hätte, dass der Eingeladene den Appell zwar als Ehrenpräsident der GAP unterzeichnet, damit aber keineswegs die Position der GAP wiedergegeben habe, wäre ihm zumutbar und hinzunehmen gewesen. Vermutlich hätte man dies aber auch schon im Vorfeld der Konferenz klären können. Einer Ausladung hätte es dazu nicht bedurft.

3.4   Diskriminierung

Ein möglicher Schaden, dessen Verhinderung potentiell eine Einschränkung von Redehandlungen rechtfertigen kann, besteht in einer *Diskriminierung* von Personengruppen – etwa von behinderten Menschen, von Transpersonen oder von Personen, die eine bestimmte Hautfarbe haben oder einer bestimmten Ethnie angehören. Ohne den komplexen Begriff der Diskriminierung hier vollständig klären zu können (vgl. zur Orientierung Herrmann 2011 und Klonschinski 2020), gehe ich im Folgenden von einem alltagssprachlich gängigen und intuitiv plausibel erscheinenden Verständnis von Diskriminierung aus: Eine Diskriminierung einer Person liegt vor, wenn ein im Allgemeinen normativ irrelevantes Merkmal – wie Hautfarbe, Geschlechtszugehörigkeit, sexuelle Orientierung, Zugehörigkeit zu einer Ethnie oder zu einer Religion – in Kontexten, in denen es tatsächlich normativ irrelevant ist, als normativ relevant in Anschlag gebracht wird. Mit der Einschränkung „im Allgemeinen" und der Relativierung auf Kontexte, in denen ein bestimmtes Merkmal tatsächlich normativ irrelevant ist, wird zum Ausdruck gebracht, dass immer Kontexte denkbar sind, in denen die genannten Merkmale tatsächlich normativ relevant sind und ihre Berücksichtigung *nicht* als Diskriminierung zu gelten hätte. Ein Regisseur, der einen Film über die NS-Zeit dreht und die Rolle Hitlers besetzt und einen Schauspieler mit schwarzer Hautfarbe wegen seiner Hautfarbe für diese Rolle ablehnt, diskriminiert damit ebenso wenig Schwarze wie eine Regisseurin, die für die Rolle des Othello in Shakespeares Stück einen Hellhäutigen ablehnt, damit Hellhäutige diskriminiert. Für die Frage, ob jemand über die Frauenquote in den Bundestag einziehen kann oder nicht, ist es relevant, ob jemand ein Mann oder eine

Frau ist, und es stellt keine Diskriminierung von Männern dar, wenn ihnen verwehrt wird, über die Frauenquote in den Bundestag einzuziehen, weil sie Männer sind. Aber dies sind sehr besondere Kontexte. Im Allgemeinen sind die genannten Merkmale nicht normativ relevant, und ein Individuum wird diskriminiert, wenn ein solches Merkmal in „normalen" Kontexten als normativ relevant in Anschlag gebracht wird, genauer: wenn es aufgrund dieses Merkmals gegenüber anderen Personen, die dieses Merkmal nicht besitzen, benachteiligt wird.

„Diskriminierend" – z. B. rassistisch, sexistisch, antisemitisch, islamophob – können wir Handlungen oder Personen nennen. Auch institutionelle Strukturen oder soziale Praktiken können diskriminierend sein, weil sie auf diskriminierende Handlungen zurückzuführen sind oder in diesen bestehen. Diskriminierende Handlungen können sprachlicher oder nicht-sprachlicher Art sein. Sind sie sprachlicher Art, handelt es sich um Redehandlungen. Wenn eine Redehandlung z. B. rassistisch oder sexistisch diskriminierend ist, kann sie dies auf verschiedene Weisen sein. Sie kann offen und direkt diskriminierend sein, indem sie Personen aufgrund eines oder mehrerer der genannten, normativ nicht relevanten Merkmale abwertet oder erniedrigt oder herabsetzt. Dies kann z. B. durch abwertende Äußerungen, *hate speech,* Denunziationen, aber auch positivrechtliche Dekrete, mit denen Personen diskriminiert werden („Juden haben in der Öffentlichkeit einen gelben Stern zu tragen"), geschehen. Eine Äußerung kann ihren diskriminierenden Charakter gleichsam auf der Stirn tragen. Dass viele der Äußerungen eines Björn Höcke oder eines Horst Mahler – denen man nicht die Ehre antun sollte, sie zu zitieren – auf diese Weise diskriminierend und auf abstoßende Weise antisemitisch und rassistisch sind, ist kaum einer weiteren Begründung bedürftig. Eine Redehandlung kann aber auch auf subtilere und weniger leicht identifizierbare Weise diskriminierend sein – andeutend, etwas zu verstehen gebend, insinuierend oder per Präsupposition. So kann eine Äußerung, die nicht offen diskriminierend ist, eine diskriminierende Implikatur haben (vgl. zu Implikaturen grundlegend Grice 1993). Wird etwa im Kontext der Berichterstattung über eine Straftat jemandes Hautfarbe, vielleicht sogar wiederholt, genannt, ist diese Information prima facie irrelevant, d. h. sie ist für das Mitzuteilende nicht nötig. Nimmt man aber – die Grice'sche Konversationsmaxime, der zufolge Relevantes zu sagen ist, zugrunde legend – an, dass der Sprecher nur Relevantes mitteilen möchte, kann man aus dem Gesagten die Implikatur ermitteln, dass Menschen mit dieser Hautfarbe dazu neigen, Straftaten zu begehen. Warum sonst hätte der Sprecher diese „eigentlich irrelevante" Information geben sollen? Eine Äußerung kann auch per Präsupposition diskriminierend sein. Wird z. B. nach einer Straftat gesagt, dass „der Täter auf der Flucht ist" oder „die Polizei den Täter sucht", wird damit präsupponiert, dass der Täter männlich sein müsse, was ebenso eine Form der Geschlechterdiskriminierung – in diesem Fall gegen Männer – darstellt, wie in anderen Kontexten die Rede davon, dass „wir fähige und durchsetzungsstarke und intelligente Politiker brauchen", eine Diskriminierung anderer Geschlechter darstellen würde, da sie präsupponieren würde, dass fähige und intelligente Politiker:innen männlich sind.

Wenn eine Äußerung nicht offen, sondern andeutend oder insinuierend oder über eine Präsupposition diskriminierend ist, ist sie nicht eindeutig und zweifelsfrei als diskriminierend identifizierbar. Es wird dann Unschärfen und Interpretationsunsicherheiten geben. Es besteht dann Raum einerseits für geschickte Demagogie, die diskriminiert, ohne sich als diskriminierend zu erkennen zu geben, und sich als Fluchtweg die Berufung darauf offenhält, nichts Diskriminierendes gesagt zu haben, andererseits für ungerechtfertigte Zuschreibungen und die Unterstellung von Diskriminierung, wo keine vorliegt. Auch wird häufig unklar sein, ob z. B. die Nennung eines Merkmals irrelevant und damit per Implikatur diskriminierend ist oder nicht. Dass bei einer Zeitungsmeldung über eine Straftat eine Information über die Hautfarbe des Täters irrelevant ist, dürfte konsensfähig sein; ob aber z. B. die Meldung, die Tat sei „von einem 38-jährigen Mann aus Castrop-Rauxel begangen" worden, diskriminierend ist, ist eine zumindest offene Frage, denn man mag legitimerweise die Öffentlichkeit darüber informieren wollen, wie alt ein Täter ist und woher er kommt. Wir werden häufig nicht klar entscheiden können, ob eine Äußerung diskriminierend ist oder nicht. Die Entscheidung hierüber hängt auch von dem Ausmaß an hermeneutischem Wohlwollen ab, das wir (in Kenntnis dessen, was eine Person in anderen Kontexten gesagt hat) bei der Interpretation ihrer Äußerungen an den Tag legen.

Auf der Grundlage dieses Verständnisses diskriminierender Äußerungen kann man in Bezug auf drei der vier diskutierten Beispielfälle – in Bezug auf die Ausladung Georg Meggles wegen der Unterzeichnung des „Zweiten Krefelder Appells" stellt sich die Frage nicht, da man den Appell kaum als diskriminierend bezeichnen wird – die Frage stellen, ob die Äußerungen der Personen, deren Redehandlungen nach Ansicht einiger eingeschränkt werden sollten oder tatsächlich eingeschränkt wurden, diskriminierend waren oder sind und damit ein potentieller Grund für die Einschränkung von Redehandlungen vorliegt. Diskriminieren Peter Singers bioethische Thesen behinderte Menschen? Oft wurde ihm vorgeworfen, dass dies so sei. So etwa dokumentiere Singers Verteidigung der möglichen Erlaubtheit der Tötung schwerstgeschädigter Neugeborener, dass er das Leben behinderter Menschen als – und

zwar nicht nur, wie von ihm beansprucht, aus der Binnen-
perspektive der Neugeborenen, sondern aus der Außenpers-
pektive der den „Lebenswert" von Individuen beurteilenden
Gesellschaft – „lebensunwert" betrachte. (Besonders pla-
kativ wurde dieser Vorwurf 1992 im *Kinsauer Manifest*
erhoben; vgl. auch Spaemann 1992 sowie die bei Anstötz
1991 zusammengestellten Belege.) Auch sein Gattungsega-
litarismus, dem zufolge z. B. im Kontext unumgänglicher
medizinischer Versuche die Tötung eines Schimpansen als
moralisch schlimmer anzusehen sei als die Tötung eines
schwerstgeschädigten Neugeborenen, hat diesen Vorwurf
provoziert: Damit würde das Leben behinderter Menschen
als weniger wertvoll eingestuft als das hochentwickelter
Tiere; Behinderte würden also diskriminiert.

Dieser Vorwurf ist allerdings nicht berechtigt. Der
wichtigste Grund hierfür ist, dass die entscheidende normative Grenzlinie für die Zusprechung von Lebensrech-
ten bei Singer eben *nicht* zwischen behinderten und nicht
behinderten Menschen, sondern zwischen Personen und
Nicht-Personen, also zwischen Wesen, die über Selbstbe-
wusstsein und die Fähigkeit zur Ausbildung zukunftsge-
richteter Interessen verfügen, und solchen, bei denen dies
nicht der Fall ist, verläuft (vgl. Singer 2013, Kap. 4 und
6; zur Klarstellung und Korrektur des Diskriminierungsvorwurfes vgl. auch Hoerster 1995, 33–38). Es ist richtig,
dass Singer die Tötung schwerstgeschädigter Neugeborener
unter bestimmten Bedingungen für moralisch legitim hält.
Er tut dies aber nicht, *weil* sie schwerstgeschädigt sind,
sondern weil sie als Neugeborene keine Personen sind
und weil Individuen, die keine Personen sind, nach Singer nicht die gleichen Schutzrechte genießen wie Personen
(wenngleich natürlich ihre Leidensfähigkeit auch ihm zufolge bei Entscheidungen, die ihr Wohlergehen betreffen,
berücksichtigt werden muss). Diese Unterscheidung zwischen Personen und nicht-personalen Wesen ist mit guten

Gründen kritisierbar, und man wird auch die an diese Unterscheidung anschließenden normativen Konsequenzen mit guten Argumenten kritisieren können und auf der Grundlage dieser Kritik möglicherweise Argumente für die inhaltliche Ablehnung der Positionen Singers zur Hand haben. Aber die Unterscheidung zwischen Personen und Nicht-Personen zu kritisieren ist etwas anderes, als Singer den Vorwurf zu machen, behinderte Menschen zu diskriminieren. Dies tut er nicht.

Stellen Kathleen Stocks Äußerungen Diskriminierungen von Transpersonen dar? Ist ihr Transphobie vorzuwerfen? Auch dies ist – auch wenn im oben zitierten *Offenen Brief* gegen Stock anderes behauptet wird – nicht der Fall. Eine Diskriminierung von Transpersonen läge nach der oben vorgeschlagenen Definition von „Diskriminierung" vor, wenn das Merkmal, eine Transperson zu sein, in einem Kontext, in dem es nicht normativ relevant ist, als normativ relevant in Anschlag gebracht würde. Stock behauptet, dass es *bestimmte Kontexte* gibt, in denen die Unterscheidung zwischen Trans-Frau und Nicht-Trans-Frau bzw. diejenige zwischen Trans-Mann und Nicht-Trans-Mann sehr wohl normativ relevant ist (und natürlich zahlreiche andere Kontexte, in denen sie nicht normativ relevant ist), und sie spezifiziert diese Kontexte als solche, in denen die Unterschiedlichkeit des biologischen Geschlechts zwischen Männern und Frauen – eine Unterschiedlichkeit von Geschlecht im Sinne von *sex,* die sich laut Stock nicht mit dem Hinweis auf selbstzugeschriebene Geschlechtsidentitäten aus der Welt schaffen lässt – eine Rolle spielt. Ein solcher Kontext ist nach Stock z. B. der des sportlichen Wettkampfes. Hier sei relevant, dass es biologisch unterschiedliche Geschlechter gebe, weswegen z. B. nach Stock als Männer geborene Personen, die ihre Geschlechtsidentität als die einer Frau definieren und transitionieren, zur Vermeidung von Ungerechtigkeiten gegenüber Nicht-

Trans-Frauen bei Sportereignissen nicht in Frauenwettbe-
werben antreten dürfen sollten (Stock 2022, 106–112).
Damit behauptet sie, dass in diesen Kontexten die prima
facie legitimen Interessen von Transpersonen, im Sinne
ihrer selbst definierten Geschlechtsidentität agieren zu
können, nicht hinreichend sind, um die möglicherweise
diesen Interessen entgegenstehenden und ebenfalls prima
facie legitimen Interessen von Nicht-Trans-Personen zu
überwiegen und dass in diesen Kontexten die Interessen
von Nicht-Trans-Personen sich – sei es als aggregierte Interessen, sei es als Ausdruck individueller Rechte – als
gewichtiger erweisen können als die von Transpersonen.
Damit werden Transpersonen nicht diskriminiert. Wer
wie Stock meint, dass „es sich bei einer Geschlechtsidentität, die nicht mit dem [sc. biologischen] Geschlecht [*sex*]
übereinstimmt, um etwas Nachvollziehbares handelt, dem
die Gesellschaft respektvolle Aufmerksamkeit schenken
sollte – allerdings nicht mit unkritischer Akzeptanz von
dem Ausmaß, das wir gegenwärtig erleben" (Stock 2022,
138 f.), der diskriminiert nicht Transpersonen; er behauptet lediglich, dass aus der Tatsache, dass Transpersonen
nicht diskriminiert werden dürfen, nicht folgt, dass die
Interessen von Nicht-Trans-Personen keine Rolle spielen,
wenn diese mit den Interessen von Transpersonen in einen
Konflikt geraten, wie es z. B. im Kontext sportlicher Wett-
kämpfe der Fall sein kann. Genauer: Stock behauptet, dass
im Falle solcher Interessenskonflikte *auch* die Interessen
von Nicht-Trans-Personen gleichgewichtig zu berücksichtigen sind, sofern diese Interessen nicht die Schlechterstel-
lung von Transpersonen zum Inhalt haben und diese beab-
sichtigen, sondern als Ausdruck legitimer Eigeninteressen
betrachtet werden können.

Schwieriger zu entscheiden ist, ob Sarrazins Äußerungen in *Deutschland schafft sich ab* – erstmals 2010, aktua-
lisiert 2021 erschienen – als rassistisch zu bewerten sind.

Sarrazin hat sich, wenig erstaunlich, in der späteren Auflage seines Buches gegen den Vorwurf des Rassismus verwahrt, da dieser dort beginne, wo man Unterschiede, die man zwischen verschiedenen Menschen z. B. aufgrund ihrer Hautfarbe oder ihrer Ethnie mache, mit Wertungen versehen und Menschen z. B. wegen ihrer ethnischen Herkunft oder Hautfarbe als minderwertig einstufen würde. Dies aber habe er nicht getan (Sarrazin 2021, IV–VIII). In der Tat kann man seine Aussagen in dem genannten Buch, das über weite Strecken in der Auswertung empirischen und statistischen Materials besteht, so lesen, dass dies zutrifft. Dass es gleichwohl schwer fällt, den Diskriminierungsvorwurf gegen Sarrazin mit der gleichen Bestimmtheit zurückzuweisen wie den Vorwurf der Behindertenfeindlichkeit gegen Singer oder denjenigen der Transphobie gegen Stock, liegt weniger an dem, was Sarrazin sagt, als vielmehr daran, *wie* er es sagt – genauer: es liegt daran, dass Sarrazin sprachlich wenig bis gar keine Distanz zum Jargon des Ressentiments wahrt. Anders als Singer und Stock spricht er nicht akademisch-distanziert und nüchtern-argumentativ, sondern suggeriert, „mit Volkes Stimme" zu sprechen, wodurch sich seine Aussagen in besonderer Weise dafür anbieten, im Jargon des Ressentiments zustimmend rezipiert zu werden. Wer das Kapitel „Zuwanderung und Integration" mit dem Untertitel „Mehr erwarten, weniger bieten" versieht, die muslimische Integration als „direkte Bedrohung unseres Lebensstils" bezeichnet, vom Islam pauschalisierend als von einer Religion schreibt, „deren Anhänger sich für das umgebende westliche Abendland kaum interessieren – es sei denn als Quelle materieller Leistungen" und irreführend von der „Fertilität" muslimischer Einwanderer spricht, wo er deren Reproduktionsrate meint (Sarrazin 2021, 255, 264, 266, 270), der kann sich nicht wundern, wenn er Applaus von Rechtsaußen bekommt und für rassistische Positionen in einer Weise in Anspruch genommen wird, die man kaum noch als „Vereinnahmung" bezeichnen kann. Wer die Distanz zum rassistischen Diskurs nicht hält, wird von ihm umarmt werden. Sarrazins sprachliche Präsentation seiner Thesen biedert sich bei einem solchen Diskurs geradezu an.

Gleichwohl ist es sinnvoll und der Klarheit dienlich, dieses Phänomen des Sich-Anbiederns an einen rassistischen Jargon durch die sprachliche Darstellung der eigenen Ansichten als einen kausalen *Beitrag* zur Diskriminierung zu klassifizieren und damit von einer Diskriminierung selbst abzugrenzen. Das eine ist es zu fragen, ob Äußerungen einer Person diskriminierend sind, das andere ist es zu fragen, ob Äußerungen einer Person, seien sie nun diskriminierend oder nicht, einen kausalen Beitrag zur Diskriminierung einer Personengruppe durch andere leisten. In Bezug auf die erstgenannte Frage sollte man – analog zur strafrechtlichen Praxis – für die Verurteilung der Äußerungen einer Person als „rassistisch" einen eindeutigen Schuldnachweis verlangen. Einen so massiven Vorwurf wie den des Rassismus, des Antisemitismus, des Sexismus etc. sollte man nur dann lancieren, wenn man sich seiner Sache sehr sicher ist, nicht auf der Grundlage von Mutmaßungen, Tratsch und Gerücht oder um lediglich das über eine Person zu bestätigen, was man ohnehin über sie zu wissen glaubt. Wie gezeigt gibt es, wenn die Äußerungen einer Person nicht eindeutig und offen diskriminierend sind, einen Graubereich möglicher Implikaturen, bei deren Ermittlung es Interpretationsunsicherheiten geben kann und unvermeidlich geben wird. Solange dies der Fall ist und man über keine eindeutigen Indizien für das Zutreffen eines Vorwurfs wie desjenigen des Rassismus verfügt, sollte man jemandes Äußerungen nicht als rassistisch bezeichnen – womit man auch nicht behauptet, dass sie *nicht* rassistisch sind.

In Bezug auf die Frage, ob Sarrazins Äußerungen rassistisch sind, scheinen daher die Tugend der Zurückhaltung und Urteilsenthaltung angebracht. Wir wissen nicht, ob seine Äußerungen rassistisch sind. Wir haben weder hinreichende Gründe für die Behauptung, dass sie es sind, noch für diejenige, dass sie es nicht sind. Darum sollten wir weder das eine noch das andere behaupten. Eines Urteils darüber, ob Sarrazins Äußerungen rassistisch sind, sollte man sich also enthalten. Das schließt nicht aus, dass man ein Urteil darüber fällt, ob und, wenn ja, in welcher Form sie einen kausalen Beitrag zu Diskriminierungen leisten.

3.5 Kausaler Beitrag zu Diskriminierungen

Die im vorhergehenden Abschnitt eingeführte Differenzierung zwischen der Frage, ob eine Äußerung diskriminierend ist, und derjenigen, ob sie einen kausalen Beitrag zu Diskriminierungen leistet, wird in der Diskussion um Wissenschaftsfreiheit nicht beachtet. Sie ist aber wichtig, denn es ist etwas anderes, ob das, was jemand sagt, eine Personengruppe diskriminiert oder ob es kausal dazu beiträgt, dass diese Personengruppe von anderen diskriminiert wird. Einen kausalen Beitrag zu Diskriminierungen können sowohl diskriminierende als auch nicht-diskriminierende Äußerungen leisten. So könnte jemand eine rein deskriptive Aussage über Merkmalsunterschiede zwischen verschiedenen Ethnien machen, die aber von einer Rassistin als „Beleg" für eine rassistische Theorie verwendet würde. Oben wurde gesagt, dass Stocks und Singers Aussagen nicht diskriminierend sind und dass im Falle von Sarrazin die textlichen Evidenzen weder das Urteil, dass seine

Aussagen diskriminierend sind, noch das Urteil, dass seine Aussagen nicht diskriminierend sind, rechtfertigen. In keinem der drei Fälle ist damit ausgeschlossen, dass die Äußerungen dieser Personen einen kausalen Beitrag zu Diskriminierungen durch andere leisten.

Dass eine nicht-diskriminierende Äußerung einen kausalen Beitrag zu Diskriminierungen leistet, *kann,* muss aber nicht einen Vorwurf an denjenigen, der diese Äußerung macht, begründen. Es kommt darauf an, *wie* der Sprecher diesen kausalen Beitrag leistet. Er kann ihn absichtlich leisten, d. h. so, dass er mit Wissen und Wollen die Diskriminierungen als Folgen seiner Äußerung herbeiführt. Er kann ihn auch nicht absichtlich, aber auf andere Weise vorsätzlich leisten, also z. B. um die Folgen seiner Äußerung wissend, sie aber nicht wollend, oder sie im Sinne eines Eventualvorsatzes billigend in Kauf nehmend als jemand, dem es egal ist, ob seine Äußerungen Diskriminierungen verstärken könnten. Er kann die nicht-diskriminierende Äußerung, die zu Diskriminierungen durch andere führt, auch nicht vorsätzlich, aber fahrlässig machen als jemand, der, obwohl er es tun könnte, nicht darauf achtet, ob seine nicht-diskriminierenden Äußerungen Diskriminierungen verstärken. So könnte es fahrlässig sein, eine nicht-diskriminierende Äußerung zur Flüchtlingsethik vor den Abgeordneten eines AfD-Parteitags zu machen, da man voraussehen kann, wie diese Äußerung von ihnen rezipiert und vereinnahmt werden wird. Es kann auch sein, dass jemand die Äußerung weder auf irgendeine Weise vorsätzlich noch fahrlässig macht, sie aber gleichwohl zu Diskriminierungen führt. Davon, ob Vorsatz – und, wenn ja, welche Form des Vorsatzes – oder Fahrlässigkeit oder keines von beiden vorliegt, wird abhängen, ob man jemandem, der eine nicht-diskriminierende Äußerung macht, einen Vorwurf dafür macht, einen kausalen Beitrag zu Diskriminierungen erbracht zu haben, und wie stark dieser Vorwurf ggf. sein wird (zu den aus dem Strafrecht bekannten Unterscheidungen zwischen verschiedenen Formen des Vorsatzes und zur Unterscheidung zwischen Vorsatz und Fahrlässigkeit vgl. z. B. Roxin 1994, § 12 und § 24). Unabhängig davon, ob man der Person einen Vorwurf macht, wird man aber den kausalen Beitrag, den sie durch nicht-diskriminierende Äußerungen zu Diskriminierungen leistet, in jedem Fall als einen Schaden einstufen, den es nach Möglichkeit zu verhindern gilt und der potentiell als ein Grund für eine Einschränkung einer Redehandlung fungieren kann. Man kann, wenn weder Vorsatz noch Fahrlässigkeit vorliegt, widerspruchsfrei dafür plädieren, dass die Redehandlungen einer Person mit Blick auf ihre vorausgesehenen Wirkungen eingeschränkt werden sollten, ohne der Person einen Vorwurf dafür zu machen, dass ihre Redehandlungen voraussichtlich diese Wirkungen zeitigen werden.

Ob eine nicht-diskriminierende Redehandlung einen kausalen Beitrag zu Diskriminierungen leistet oder nicht, hängt von verschiedenen Faktoren ab. Zu nennen sind vor allem zwei miteinander zusammenhängende Faktoren:

1. *Rezeptionskontext:* Die zu erwartenden Folgen einer nicht-diskriminierenden Redehandlung hängen wesentlich vom Rezeptionskontext und dem adressierten Rezipientenkreis ab. Es ist kein intellektueller Snobismus zu behaupten, dass im geschützten Raum der Universität am ehesten davon auszugehen ist, dass eine Ansicht sachlich und ohne Vereinnahmung durch eine politische Agenda diskutiert werden kann; in anderen Rede- und Kommunikationskontexten mag dies anders sein (vgl. hierzu auch Wolf 1991, 183–187). Darum ist es für die Wirkung einer Redehandlung auf Diskriminierungen ein relevanter Unterschied, *wo* diese Redehandlung stattfindet, ob z. B. in der Universität oder

im Rahmen einer explizit an die breitere und nicht nur universitäre Öffentlichkeit adressierten Veranstaltung wie der phil.Cologne. Manchen wissenschaftlich fundierten Beitrag zur Frage „Wie viele Flüchtlinge sollten wir aufnehmen?" wünscht man sich sehr auf einer universitären Konferenz zur Flüchtlingsethik, weil er einen neuen und zu diskutierenden, wenngleich vielleicht auch provozierenden Blick auf migrationsethische Fragen wirft, aber keinesfalls als Redebeitrag auf einem AfD-Parteitag, weil man antizipieren kann, wie er dort für politische Zwecke instrumentalisiert werden wird – und vielleicht auch nicht auf der phil.Cologne, weil man begründete Zweifel haben kann, ob er nicht auch dort von Teilen des Publikums als Bestätigung diskriminierender Einstellungen aufgefasst werden wird.

2. *Erwartbarkeit von Fehlrezeptionen:* Damit hängt zusammen, dass man in vielen Kontexten realistischerweise damit rechnen muss, dass nicht-diskriminierende Redehandlungen vermittelt über *Fehlrezeptionen* einen kausalen Beitrag zu Diskriminierungen leisten. Es kann sein, dass eine nicht-diskriminierende Äußerung fehlerhaft rezipiert wird und diese Fehlrezeption dann zusammen mit anderen Kausalfaktoren (zu denen natürlich auch die Äußerung selbst gehört) den Ursachenkomplex bildet, der Diskriminierungen entstehen lässt. Solche Fehlrezeptionen können auf Unachtsamkeit, oberflächliche oder ganz fehlende Lektüre dessen, was eine Person geschrieben hat, aber auch auf vorsätzliche und interessengesteuerte Vereinnahmungen der Position einer Person zwecks Autoritätsberufung zurückzuführen sein. Zu Diskriminierungen können solche Fehlrezeptionen entweder auf die Weise beitragen, dass die Positionen einer Person fälschlich als *Beleg* für eine z. B. rassistische Position angeführt werden, also die Positionen fälschlich zur Unterstützung einer Diskriminierung in

Anspruch genommen werden, oder auf die Weise, dass der Person fälschlich eine diskriminierende Position *zugeschrieben* wird, so dass andere, die diese diskriminierende Position tatsächlich vertreten, sich scheinbar auf diese Person als auf eine Autorität, die ihre diskriminierenden Ansichten stützt, berufen können.

Diese letztgenannte Verstärkung von Diskriminierungen über Fehlrezeptionen und die Bereitstellung scheinbar gültiger Autoritätsargumente spielt im Falle von Singer und Stock eine wesentliche Rolle. Dass diejenigen, die Front gegen Stock und Singer machen, den Eindruck vermitteln, beider Texte allenfalls kursorisch (oder gar nicht) gelesen zu haben, ist nicht nur deswegen beklagenswert, weil damit Autoren zu Unrecht diffamiert und für zu verurteilende Praktiken an den Pranger gestellt werden, die von anderen ausgehen und die diese Autoren nicht im geringsten befürworten, sondern auch deswegen, weil damit denjenigen, die Transpersonen oder behinderte Menschen tatsächlich diskriminieren *wollen,* Munition geliefert wird: Ihnen wird suggeriert, sie könnten sich – in exegetischer Hinsicht sogar zu Recht – zur Stützung ihrer diskriminierenden Ansichten auf Stock und Singer berufen, was nicht der Fall ist. Wer z. B. Transpersonen tatsächlich diskriminieren *will*, der wird sich freuen, wenn ihm verkündet wird, dass „sogar die renommierte analytische Philosophin Kathleen Stock" gegen Transpersonen Stellung bezogen habe, und er wird, ohne sich die Mühe einer gründlichen Lektüre der Schriften Stocks zu machen, glauben, sich zur Stützung seiner Ansichten auf Stock berufen zu können. Insofern haben die den *Offenen Brief* Unterzeichnenden ihrem Anliegen, der Diskriminierung von Transpersonen entgegenzuarbeiten, einen Bärendienst erwiesen.

Anders liegen die Dinge bei Sarrazin. Hier lässt sich nicht von einer *Fehlrezeption* seiner Ansichten als Kausalfaktor für das Entstehen von Diskriminierungen sprechen. Zwar wurde zugestanden, dass auch Sarrazins Äußerungen in *Deutschland schafft sich ab* nicht eindeutig als diskriminierend eingestuft werden können (wenngleich sie auch nicht eindeutig als nicht-diskriminierend eingestuft werden können). Aber da Sarrazin sich durch die sprachliche Präsentation seiner Thesen dem rassistischen Diskurs geradezu andient, wird er durch diesen nicht vereinnahmt, wenn er zustimmend rezipiert wird. Er unterbreitet durch den Duktus seiner Rede ein Angebot, das von denjenigen dankbar angenommen wird, die an Stammtischen seinen Thesen mit „Da sieht man es mal!" und „Endlich sagt's mal einer!" applaudieren.

Ob zwischen einer nicht-diskriminierenden Äußerung, die einen kausalen Beitrag zu Diskriminierungen leistet, und diesen Diskriminierungen eine Fehlrezeption als Teil der zu Diskriminierungen führenden Kausalkette steht oder nicht, kann auch für die Beantwortung der Frage, ob die Redehandlung einer Person eingeschränkt werden sollte, eine entscheidende Rolle spielen. *Wenn* eine Fehlrezeption Teil der zu Diskriminierungen führenden Kausalkette ist und die Person, deren Redehandlungen zur Diskussion stehen, insofern nichts „für diese Diskriminierungen kann", als ihre Äußerungen von anderen, häufig oberflächlich informierten Personen fälschlich als diskriminierend aufgefasst oder vereinnahmt werden, wird man dazu neigen, die Redehandlungen der Person *nicht* einschränken zu wollen. So wie man im Allgemeinen nicht sagen wird, dass Goethe den *Faust* nicht hätte schreiben sollen, weil er durch die NS-Ideologie als Darstellung des „deutschen Wesens" vereinnahmt wurde, wird man im Allgemeinen auch nicht sagen, dass Singers und Stocks Redehandlungen aus dem Grund eingeschränkt werden sollten, dass sie vermittelt über Fehlrezeptionen derer, die diese Autoren nur oberflächlich lesen, einen kausalen

Beitrag zu Diskriminierungen liefern könnten. Wenn aber jemand, wie es Sarrazin tut, dem rassistischen Diskurs zuarbeitet, fallen die durch seine Redehandlungen mitverursachten Diskriminierungen sehr viel stärker gegen ihn ins Gewicht. Man kann – auch ohne Sarrazin als Rassisten zu bezeichnen – nicht zugunsten Sarrazins ins Feld führen, dass ihm „Unrecht getan" würde, wenn seine Thesen von Rassisten in ihrem Sinne gelesen werden – denn er begünstigt diese Rezeption und lädt sogar dazu ein. Es liegt hier keine Fehlrezeption vor. Wer – und sei es nicht durch das, was er sagt, sondern durch die Weise, wie er es sagt – den Schulterschluss mit einem rassistischen Diskurs sucht, kann sich nicht darüber beschweren, wenn es auch dazu kommt. Darum ist die These Dieter Schöneckers, „dass es keinen nachvollziehbaren guten Grund gibt, substantielle Unterschiede zwischen den Fällen Singer und Sarrazin festzustellen, die es erlauben würden, in dem einen Fall für die Rede- und Wissenschaftsfreiheit einzutreten und in dem anderen nicht" (Schönecker 2021, 138), zurückzuweisen. Es *gibt* einen solchen substantiellen Unterschied zwischen den Fällen Singer und Sarrazin, nämlich die unterschiedlichen Rollen, die Fehlrezeptionen in der Kausalkette zwischen einer Redehandlung und den dadurch (möglicherweise) bewirkten Diskriminierungen in beiden Fällen spielen.

3.6 Kränkungen

Als ein möglicherweise durch eine Einschränkung von Redehandlungen zu verhindernder Schaden kommen auch die *Kränkungen* in Betracht, die durch Redehandlungen entstehen können. Genauer gesagt geht es hier um Kränkungs*gefühle,* die von Redehandlungen, die als Kränkungen wahrgenommen werden, bewirkt werden können

– etwa Gefühle des persönlichen Herabgesetztwerdens, der Minderung des persönlichen Wertes, des Ausgegrenzt- oder Nichtbeachtetwerdens, des Ignoriertwerdens in der Wahrnehmung eigener Rechte (vgl. hierzu auch Lotter 2023c). Solche Gefühle können de facto mit Diskriminierungen einhergehen und deren Folge sein und sind es häufig. Sie können aber auch unabhängig von Diskriminierungen auftreten. Gekränkt fühlen kann sich jemand auch, ohne diskriminiert worden zu sein.

Es sollte konsensfähig sein, dass Kränkungsgefühle bei der Frage nach der Einschränkung von Redehandlungen zu berücksichtigen sind und als potentieller Grund für eine solche Einschränkung in Betracht kommen. Dieses Erfordernis der Rücksichtnahme auf Kränkungsgefühle ergibt sich, konsequentialistisch gesprochen, aus dem Gebot, negative Handlungsfolgen – zu denen auch negative Auswirkungen auf das Befinden der von einer Redehandlung Betroffenen gehören – nach Möglichkeit zu vermeiden. Auch dies gilt unabhängig davon, ob diese Kränkungsgefühle infolge von Diskriminierungen auftreten oder nicht. So wie man im persönlichen Gespräch in vielen sozialen Kontexten Themen vermeiden wird, die beim Gegenüber „sensible Punkte" berühren und von ihm als verletzend oder belastend empfunden werden können, wird man auch in wissenschaftlichen Kontexten darauf achten, keine unnötigen Verletzungen hervorzurufen. Konsensfähig dürfte aber auch sein, dass diese Berücksichtigung von Kränkungsgefühlen mit den möglichen Vorteilen, die aus der Nicht-Einschränkung einer Redehandlung entstehen, etwa dem daraus voraussichtlich resultierenden Erkenntnisgewinn oder der Möglichkeit, ein reales und einer offenen gesellschaftlichen Diskussion bedürftiges Problem zu thematisieren, abgewogen werden muss. Der Hinweis auf Kränkungsgefühle hat, auch das sollte klar sein, kein Veto-Recht.

Mehr noch: Wissenschaft als ein Unternehmen, das auf Wahrheit abzielt, wird *notwendigerweise* auch mit Kränkungsgefühlen verbunden sein. Wahrheit *ist* häufig kränkend. Schön wäre es ja, wenn nur das Falsche kränken könnte und Menschen so geeicht wären, dass sie der Wahrheit stets freudig Zutritt gewährten. Aber es ist nicht so. Die Verteidigung eines heliozentrischen Weltbildes hat über Jahrhunderte hinweg erhebliche Kränkungen insbesondere religiöser Gefühle bewirkt. Man sollte dennoch ernsthaft in Betracht ziehen, dass es korrekt ist und dass diese Kränkungsgefühle hinzunehmen und dem Bemühen um Wahrheit unterzuordnen sind. Schopenhauers Diagnose, dass der Mensch im Kern ein irrationales Wesen ist, ist für unser Selbstverständnis als Vernunftwesen kränkend; es mag aber sein, dass wir, wenn wir an Wahrheit interessiert sind, diese Kränkung hinnehmen müssen. Die antinatalistische Botschaft, dass wir Menschen schädigen, indem wir sie in die Existenz bringen, wird in einer Kultur wie der unseren, die Reproduktion positiv bewertet, von vielen als kränkend empfunden werden, was nichts daran ändert, dass es gute Argumente für sie geben könnte und man ihr Gehör verschaffen sollte. Ohne Übertreibung kann man sagen: Wissenschaft ist als auf Wahrheit abzielendes Unternehmen *immer* kränkend, denn was wahr ist, hängt nicht davon ab, was uns beliebt und genehm ist (als hilfreiche Darstellung wissenschaftsinterner Kränkungen vgl. Spierling 1984, insbes. 14–37).

Ob und in welchem Ausmaß de facto bestehende Kränkungsgefühle bei der Entscheidung über die Einschränkung von Redehandlungen zu berücksichtigen sind, hängt von zusätzlichen Faktoren ab, mit Bezug auf die sich diese Kränkungsgefühle genauer qualifizieren lassen. Vier – allerdings nicht ganz trennscharf voneinander abzugrenzende – Faktoren seien hier genannt.

1. *Nachvollziehbarkeit:* Kränkungsgefühle können in unterschiedlichem Ausmaß nachvollziehbar sein. Der Begriff der Nachvollziehbarkeit ist schwer präzise zu bestimmen, aber auf der Grundlage eines intuitiven Vorverständnisses lassen sich hier mit hinreichender Zuverlässigkeit Abstufungen vornehmen. Nachvollziehbarkeit ist gradierbar. Dass jemand sich durch herabsetzende *hate speech* gekränkt fühlt ist definitiv nachvollziehbarer als dass er sich durch eine Bemerkung über das Wetter gekränkt fühlt. Es gibt „hypersensible" Menschen, die noch die banalste Aussage als kränkend empfinden, weil sie nicht umhin können, sie auf ihre eigene Befindlichkeit zu beziehen; in diesem Fall wird man von nicht nachvollziehbaren Kränkungsgefühlen sprechen. Je nachvollziehbarer ein Kränkungsgefühl ist, desto mehr Gewicht wird man ihm zusprechen. Dass eine Wissenschaftlerin sich durch eine vernichtende Rezension ihres Buches gekränkt fühlen würde, ist sehr nachvollziehbar und mag daher für eine potentielle Rezensentin ein Grund sein, von der Veröffentlichung einer polemischen Rezension Abstand zu nehmen. Dass sie sich durch die Nicht-Einladung zu einer Konferenz gekränkt fühlt, ist vielleicht (wenn sie Expertin im Thema ist) ebenfalls nachvollziehbar. Dass sie sich dadurch gekränkt fühlt, dass sie in einem Aufsatz ihres Kollegen nicht zitiert wird, ist weniger, aber vielleicht noch etwas nachvollziehbar. Dass sie sich dadurch gekränkt fühlt, dass bei Diskussionen auch einmal andere zu Wort kommen dürfen und die Diskussionsleiterin ihren ausufernden Monologen nach 10 Minuten ein Ende bereitet, ist nicht mehr nachvollziehbar und wird für die Diskussionsleiterin keinen Hinderungsgrund darstellen, ihre Redehandlungen einzuschränken. Kränkungsgefühle der letztgenannten Art fallen daher weniger ins Gewicht.

2. *Intensität:* Kränkungsgefühle können verschieden intensiv sein. Sie können eine breite Intensitätsspanne vom leichten Irritiertsein bis hin zum Gefühl, in den Grundfesten des eigenen Daseins erschüttert zu sein, umfassen. Je intensiver die Kränkungsgefühle sind, desto mehr fallen sie ins Gewicht, wobei diese Intensität abzuwägen ist mit den anderen genannten Faktoren. Auch Kränkungsgefühle, die nicht im geringsten nachvollziehbar sind, können sehr intensiv sein, so dass man bei der Entscheidung über das Ausmaß, in dem diese Gefühle zu berücksichtigen sind, abzuwägen haben wird, ob man deren Intensität oder deren (fehlende) Nachvollziehbarkeit höher gewichtet. Manchmal wird man kopfschüttelnd und seufzend auf nicht nachvollziehbare Kränkungsgefühle einzig aufgrund ihrer Intensität Rücksicht nehmen; manchmal wird man angesichts vollends fehlender Nachvollziehbarkeit zu dem Schluss kommen, dass einem die Kränkungsgefühle anderer, und seien sie noch so intensiv, schlicht egal sind.

3. *Dauer:* Kränkungsgefühle können lang oder kurz andauernd sein. Je länger sie andauern, desto mehr fallen sie tendenziell – nach Abwägung mit den anderen Faktoren – ins Gewicht. Eine herabsetzende oder spöttische Bemerkung kann, zumal wenn von einer sehr nahestehenden Person ausgehend, sehr lange und nachhaltig kränken; manche Grobheiten kränken hingegen nur sehr kurzzeitig. Die Dauer eines Kränkungsgefühls hängt von Faktoren wie der Sensibilität einer Person oder der Struktur der Beziehung zwischen Kränkendem und Gekränktem ab. Es ist z. B. etwas anderes, ob einen die eigene Partnerin oder ein Wildfremder durch eine Bemerkung über die eigenen charakterlichen Defizite kränkt; die erstgenannte Kränkung wird im Allgemeinen länger persistieren als die zweitgenannte. Die Dauer eines Kränkungsgefühls ist unabhängig von den

anderen genannten Faktoren und korreliert auch nicht mit ihnen. Kränkungsgefühle können intensiv sein, aber schnell verschwinden, und dies kann bei nachvollziehbaren ebenso wie bei nicht nachvollziehbaren Kränkungsgefühlen der Fall sein Umgekehrt können nachvollziehbare ebenso wie nicht nachvollziehbare Kränkungsgefühle, auch wenn sie nicht intensiv sind, sehr lange andauern, etwa als Beleidigtsein über eine lange zurückliegende Bemerkung. Auch Schmollen – und Menschen können sehr lange schmollen – ist ein Ausdruck von Gekränktsein.

4. *Vulnerabilität:* Für das Ausmaß, in dem Kränkungsgefühle bei der Entscheidung über eine Einschränkung von Redehandlungen in Anschlag zu bringen sind, spielt auch eine Rolle, ob eine Person, die ein Kränkungsgefühl hat, einer vulnerablen Gruppe angehört, also einer solchen, deren Mitglieder aufgrund bestimmter äußerer Merkmale wie Religions- oder Geschlechtszugehörigkeit in besonderer Weise Anfeindungen, Gefährdungen, Benachteiligungen oder Repressionen (oder einer Kombination von alldem) ausgesetzt sind – wobei man erwägen kann, dass dieses Kriterium sich in das der Nachvollziehbarkeit integrieren lässt, da man die Kränkungsfühle derer, die vulnerablen Gruppen angehören, vermutlich als in besonderer Weise nachvollziehbar einstufen wird. Manchmal sind Individuen qua Gruppenzugehörigkeit in besonderer Weise verletzbar, weil diese Gruppe Repressalien oder Diskriminierungen oder anderen Benachteiligungen ausgesetzt ist. Sie sind dann als Gruppenangehörige in besonderer Weise sensibel und empfänglich für die Benachteiligungen, denen Angehörige dieser Gruppe typischerweise ausgesetzt sind, und ihren Kränkungsgefühlen wird man entsprechend höheres Gewicht einräumen als den gleich starken Kränkungsgefühlen von Individuen, die nicht

dieser Gruppe angehören. So wird man behinderten Menschen zugestehen, dass die Kränkungsgefühle, die sie angesichts der Thesen Peter Singers empfinden, in besonderer Weise zu berücksichtigen sind – und zwar ungeachtet der Tatsache, dass sie sich nicht auf eine Diskriminierung zurückführen lassen, weil Singers Thesen nicht diskriminierend sind. Auch Transpersonen wird man zugestehen, dass ihre durch die Thesen Stocks hervorgerufenen Kränkungsgefühle angesichts der sozialen Marginalisierung von Transpersonen in besonderer Weise zu berücksichtigen sind – und zwar selbst dann, wenn man nicht im geringsten glaubt, dass Stocks Aussagen zu *sex* und *gender* diskriminierend sind. Das heißt allerdings nicht, dass die *bloße* Zugehörigkeit zu einer vulnerablen Gruppe einen Anspruch auf die besondere Berücksichtigung von Kränkungsgefühlen begründet. Die Kränkungsgefühle von Individuen müssen, damit ihnen qua Zugehörigkeit zu einer vulnerablen Gruppe besonderes Gewicht zugesprochen werden kann, auf etwas bezogen sein, dem die Mehrheit der Mitglieder dieser Gruppe typischerweise als einer *Benachteiligung* oder *Repressalie* ausgesetzt ist. Ist dies nicht der Fall, ist nicht zu sehen, warum diese Kränkungsgefühle aufgrund der Zugehörigkeit einer Person zu einer vulnerablen Gruppe besondere Berücksichtigung verdienen sollten. So etwa sind die Kränkungsgefühle, die gegen die von der Frankfurter Ethnologin und Islamforscherin Susanne Schröter 2019 organisierte Konferenz zum Thema „Das islamische Kopftuch – Symbol der Würde oder Unterdrückung?" ins Feld geführt wurden – und die mit dem gegen Schröter gerichteten Vorwurf des „antimuslimischen Rassismus" und der Forderung ihrer Entlassung einhergingen –, nicht als solche anzusehen, die allein aufgrund der Tatsache besondere Berücksichtigung verdienen, dass die Personen, die diese Gefühle

artikulierten, sich darauf berufen könnten, einer vulnerablen Gruppe anzugehören. Denn Schröters bloße
Thematisierung der Frage, ob ein Kopftuch als Ausdruck
der Selbstbestimmung oder als Ausdruck der Repression
anzusehen ist, ist kein Angriff auf den Islam, sondern
die Verfolgung eines legitimen Forschungsinteresses.
Auch wer fragt, unter welchen Bedingungen z. B. das
Tragen einer Burka Ausdruck einer autonomen und
unter welchen Bedingungen es Ausdruck einer nicht-
autonomen Zustimmung ist, ob die soziale Signifikanz
von Kleidungsstücken ausschließlich von der Selbstinterpretation ihres Trägers abhängt und wie durch Kleidungsstücke der öffentliche Raum sexualisiert werden
kann, thematisiert Fragen, die zu thematisieren legitim
ist. Kränkungsgefühlen, die sich auf die bloße Thematisierung dieser Fragen beziehen, kommt auch dann kein
besonderer Status zu, wenn sie von Angehörigen vulnerabler Gruppen geäußert werden.

Kränkungsgefühle sind also bei der Entscheidung über die
Einschränkung von Redehandlungen grundsätzlich zu berücksichtigen und kommen dabei nach Maßgabe der vier
genannten Faktoren mit unterschiedlichem Gewicht zum
Tragen. Sie können aber *allein* eine solche Einschränkung
nicht begründen und sind einer Abwägung mit den Vorteilen, die durch einen Verzicht auf eine Einschränkung
der Redehandlung entstehen können, zugänglich. Unter
Berücksichtigung der genannten Faktoren wird man Kränkungsgefühle manchmal als *zumutbar* einstufen. Sie sind
dann negative Gefühle, deren Hinnahme aber von denjenigen, die sie haben, angesichts der Vorteile des Verzichts
auf eine Einschränkung von Redehandlungen erwartet
werden kann. Sie sind dann in Kauf zu nehmen.

Grundsätzlich kann eine Einschränkung von Redehandlungen durch den Schaden, der bei Verzicht auf eine solche Einschränkung zu erwarten wäre, gerechtfertigt werden. Dieser kann in der Komplizenschaft mit einer moralisch inakzeptablen Einstellung oder einer Einstellung der Diskursverweigerung bestehen, ebenso in der Eigenschaft einer Äußerung, diskriminierend zu sein oder Diskriminierungen mit zu verursachen oder Kränkungsgefühle hervorzurufen. Kränkungsgefühle sind u. a. nach Maßgabe ihrer Nachvollziehbarkeit als Schadensfaktoren zu berücksichtigen.

4

Wie lassen sich Einschränkungen von Redehandlungen rechtfertigen?

4.1 Das Erfordernis der Kontextsensitivität

Nach den bisherigen Ausführungen sollte deutlich sein, dass sich die Frage, ob eine Einschränkung von Redehandlungen legitim ist, nicht durch einen allgemein anwendbaren Algorithmus beantworten lässt, sondern ein einzelfallbezogenes Vorgehen erfordert. Zur Beantwortung dieser Frage müssen kontextsensitiv die beiden in den vorhergehenden Kapiteln beschriebenen Faktoren miteinander in Beziehung gesetzt werden: die für eine Einschränkung einer Redehandlung zu nehmenden Rechtfertigungshürden einerseits und der Schaden, der infolge eines Verzichts auf eine Einschränkung der Redehandlungen zu erwarten ist, andererseits. Dabei hängen, wie gezeigt, diese Rechtfertigungshürden davon ab, um welche Form der Einschränkung einer Redehandlung es

O. Hallich, *Redefreiheit in der Wissenschaft – wo sind ihre Grenzen?*, #philosophieorientiert, https://doi.org/10.1007/978-3-662-68603-4_4

sich handelt – ob es z. B. um eine Nicht-Einladung, eine Ausladung oder um eine Verhinderung der Redehandlung durch Nötigung geht. Zu fragen ist, ob im Einzelfall angesichts der Schwere des Schadens, der bei Verzicht auf eine Einschränkung der Redehandlung zu erwarten ist, das „Opfer" gerechtfertigt ist, das bei einer Einschränkung einer Redehandlung durch die Nichtbeachtung des Primafacie-Gebots, jemandes Redehandlungen zuzulassen, erbracht werden muss.

Dabei wird man als Tendenzregel festhalten können, dass, je gravierender der zu verhindernde Schaden ist, desto eher auch einschränkende Handlungen gerechtfertigt sein werden, die vergleichsweise anspruchsvollen Rechtfertigungsbedingungen unterliegen, und dass, je geringfügiger dieser Schaden ist, desto eher nur solche Einschränkungshandlungen in Frage kommen, die vergleichsweise anspruchslosen Rechtfertigungsbedingungen genügen müssen, um gerechtfertigt zu sein. Zur Verhinderung eines Atomkrieges, der durch den Vortrag eines redseligen Physikers vor einem zum Äußersten bereiten Publikum ausgelöst werden könnte, wird man auch physische Gewalt und die Einschränkung des Wissenschaftssystems in Betracht ziehen; zur Verhinderung einer nicht allzu gravierenden Kränkung von Teilen des Adressatenkreises eines Redebeitrages mag die Nicht-Einladung einer Person, aber nicht mehr ihre Ausladung, die strengeren Rechtfertigungsbedingungen unterliegt, gerechtfertigt sein. Zur Verhinderung einer offen diskriminierenden Äußerung wird man möglicherweise nicht nur eine Nicht-Einladung, sondern auch eine Ausladung, nicht aber den Einsatz von Gewalt in Erwägung ziehen. Je schwerer der zu verhindernde Schaden ist, desto gravierendere Einschränkungsmaßnahmen kommen im Einzelfall in Betracht.

In jedem Fall wird man aber bei der Beantwortung der Frage, ob sich Einschränkungen von Redehandlungen rechtfertigen lassen, von dem bei Verzicht auf eine solche Einschränkung zu erwartenden Schaden auszugehen und diesen zunächst zu bestimmen haben – denn das in einer liberalen Demokratie geltende Prima-facie-Gebot, auf eine Einschränkung von Redehandlungen möglichst zu verzichten, macht es erforderlich, eine dennoch stattfindende Einschränkung durch einen andernfalls zu erwartenden Schaden zu rechtfertigen. Ist ein solcher zu erwartender Schaden identifiziert, ist einzelfallbezogen zu fragen, ob angesichts dieses Schadens eine einschränkende Maßnahme gerechtfertigt ist, und wenn ja, welche. Der Rechtfertigungsdruck liegt also stets auf Seiten dessen, der eine Redehandlung einschränken will. Er muss einen Schaden aufweisen können, der ohne eine solche Einschränkung zu erwarten ist. Gelingt dies, ist die Frage, *welche* Einschränkungshandlung durch die Verhinderung des Schadens gerechtfertigt wird, noch offen. Gelingt es nicht, ist eine Rechtfertigung einer Einschränkungshandlung nicht in Sicht.

4.2 Zwei Zusatzbedingungen

Der Nachweis eines Schadens im Falle des Verzichts auf eine Einschränkung der Redehandlung ist eine zwar notwendige, aber noch nicht hinreichende Bedingung für die Rechtfertigung einer solchen Einschränkung. Damit sie gerechtfertigt ist, müssen – über den bloßen Schadensnachweis hinaus – zwei zusätzliche Bedingungen erfüllt sein: die Bedingung der fehlenden Kompensation des Schadens und die Bedingung der fehlenden Alternativen zur Verhinderung des Schadens.

a. *Fehlende Kompensation:* Manchmal kann ein Schaden durch einen Vorteil kompensiert oder überkompensiert werden. Der Schaden kann dann rationalerweise in Kauf genommen werden, weil er notwendig zur Erreichung eines größeren Gutes ist – wobei es eine sekundäre terminologische Frage ist, ob man hier davon spricht, dass ein tatsächlich entstehender Schaden (über-)kompensiert wird, oder davon, dass eine Handlung nur prima facie eine Schädigung ist, aber sich angesichts der dadurch gewonnenen Güter „unter dem Strich" nicht als eine solche erweist. Ein Arzt, der einem Patienten eine Spritze gibt, schädigt ihn dadurch insofern, als er ihm Schmerz zumutet und in seine körperliche Integrität eingreift, aber dieser Schaden wird (über-)kompensiert, wenn dies zur Heilung oder Verhinderung einer schweren Krankheit beiträgt. Ebenso kann der Schaden, der durch eine Redehandlung entsteht, durch einen entgegenstehenden Vorteil überwogen werden. Insbesondere ist, wie gezeigt, der Schaden, der in Form von Kränkungsgefühlen durch Redehandlungen entstehen kann, einer Güterabwägung zugänglich und wird manchmal kompensiert oder überkompensiert werden. Manchmal muten wir jemandem Kränkungen zu, weil wir glauben, dass die Verbreitung der kränkenden Ansichten diese Zumutung rechtfertigt – vor allem dann, wenn wir diese Kränkungsgefühle als wenig oder gar nicht nachvollziehbar einstufen, wenn sie nicht sehr intensiv oder nicht sehr langandauernd sind und wenn diese Kränkungsgefühle nicht aufgrund der Zugehörigkeit von Personen zu vulnerablen Gruppen eine besondere Berücksichtigung verdienen. Aber auch Kränkungsgefühle, die durchaus nicht irrational und als solche gut nachvollziehbar sind – etwa die Kränkungsgefühle, die einige Transpersonen infolge der Verbreitung der Ansichten Stocks oder die einige behinderte Menschen infolge der Verbreitung der bioethischen Thesen Singers empfinden werden –, sind nicht per se als Grund dafür anzusehen, die Verbreitung dieser Thesen zu verhindern. Ihnen steht der erhebliche und im Wesentlichen unbestrittene Nutzen gegenüber, der durch die Verbreitung dieser Thesen entsteht – der Nutzen, der darin besteht, drängende gesellschaftliche Probleme unter demokratischen Bedingungen und unter Berücksichtigung divergierender Meinungen diskutieren zu können und zu einer reflektierten und ausgewogenen Urteilsbildung zu gelangen und diese möglicherweise in der Praxis zu berücksichtigen. Der Schaden wird dann (über-)kompensiert und stellt daher keinen Grund für eine Einschränkung der Redehandlung dar.

b. *Alternativenlosigkeit:* Ein Schaden lässt zudem nur dann eine Einschränkung von Redehandlungen in Betracht kommen, wenn es zu dieser Einschränkung keine Alternative gibt, die den Schaden ebenfalls verhindern könnte und die nicht ihrerseits mit höheren Kosten bzw. Nutzenverlusten als die Einschränkung der Redehandlung verbunden ist. Solche Alternativen stehen sicherlich nicht für alle der genannten Formen eines möglicherweise auftretenden Schadens zur Verfügung, aber für einige. Stellt ein Redebeitrag eine Diskriminierung dar oder trägt zu einer Diskriminierung bei, wird es häufig kaum möglich sein, nicht mit einem größeren Nutzenverlust verbundene Alternativen zur Einschränkung der Redehandlung zu finden, um diese Schadensform zu verhindern. Geht es hingegen um die Verhinderung moralischer Komplizenschaft, werden sich häufig Alternativen zur Einschränkungshandlung finden lassen – z. B. die ausdrückliche Distanzierung eines Veranstalters von einer Position, die eine eingeladene Person vertreten oder mit der sie sich durch eine Unterschrift einverstanden erklärt hat. Auch im Falle von Kränkungsgefühlen als zu verhinderndem Schaden werden zumindest manchmal solche alternativen Möglichkeiten der Verhinderung des Schadens bestehen – insbesondere Aufklärung, also die argumentative und rationale Auseinandersetzung z. B. mit den bioethischen Thesen Singers oder den genderkritischen Thesen Stocks. Insofern die Reaktionen auf die Thesen Singers und Stocks auf Fehlinterpretationen und Missverständnissen beruhen, können die sich in diesen Reaktionen kundtuenden Kränkungsgefühle auch durch eine argumentative Auseinandersetzung mit diesen Thesen beigelegt werden. Die Beruhigung der Diskussionsatmosphäre, die sich (tendenziell) in Bezug auf die Thesen Singers seit den 90er Jahren hat beobachten lassen, kann als Indiz dafür gelten, dass dies durchaus möglich ist. Da Kränkungsgefühle zwar teils, aber sicherlich nicht vollständig vorrational sind, können sie häufig zumindest teilweise durch eine sachliche Auseinandersetzung mit den Thesen, die diese Gefühle auslösen, überwunden werden. Im Falle der derzeit noch stark emotionalisierten Auseinandersetzung um die Ansichten Stocks bleibt eine solche Beruhigung der Diskussionsatmosphäre zu erhoffen.

4.3   Skizze eines Entscheidungsverfahrens

Auf dieser Grundlage lässt sich eine Methode skizzieren, deren Anwendung eine rationale Entscheidung der Frage, ob in einem gegebenen Einzelfall eine Einschränkung einer Redehandlung legitim ist, ermöglichen könnte. Diese umfasst vier Schritte:

1. Zunächst ist zu fragen, ob im Falle der unterlassenen Einschränkung einer Redehandlung überhaupt ein Schaden auftritt. Ist, wenn die Redehandlung nicht eingeschränkt wird, eine Diskriminierung, ein kausaler Beitrag zu Diskriminierungen, moralische Komplizenschaft oder Diskursverweigerung zu erwarten, sind Kränkungsgefühle, vielleicht sogar nachvollziehbare und intensive, zu befürchten? Die positive Beantwortung dieser Frage hat eine „Gatekeeper"-Funktion; wird sie nicht positiv beantwortet, kommt eine Einschränkung einer Redehandlung nicht in Betracht. Der Grund dafür ist der bereits genannte, dass prima facie in einer liberalen Demokratie möglichst auf eine Einschränkung von Redehandlungen verzichtet werden sollte. Darum bedarf es des Nachweises eines zu erwartenden Schadens, um die Einschränkung von Redehandlungen rechtfertigen zu können.

2. Wenn diese Gatekeeper-Frage mit „Ja" beantwortet wird, ist zu fragen, ob die beiden oben genannten Zusatzbedingungen erfüllt sind, ob es also zum einen nicht der Fall ist, dass der zu erwartende Schaden im Falle der Nichteinschränkung der Redehandlung durch die Vorteile des Verzichts auf diese Einschränkung (über-)kompensiert wird, und ob es zum anderen nicht der Fall ist, dass es (nicht ihrerseits kostenintensivere) Alternativen zur Einschränkung von Redehandlungen gibt, mit deren Hilfe man diesen Schaden ebenfalls verhindern kann. Sind die beiden Zusatzbedingungen der fehlenden Kompensation und der Alternativenlosigkeit erfüllt, kommt eine Einschränkung der Redehandlung in Betracht und muss grundsätzlich als legitim gelten.

3. Wenn dies der Fall ist, ist zu fragen, auf welche Weise diese Einschränkung stattfinden sollte. Auf der Grundlage der in Kap. 2 vorgenommenen Unterscheidungen verschiedener Formen der Einschränkung von Rede-

handlungen lässt sich folgende Faustregel formulieren: Die Einschränkung sollte möglichst niederschwellig sein, d. h. so, dass die Rechtfertigungshürden dafür sehr niedrige sind. Dies gilt ganz unabhängig von der Größe des zu erwartenden Schadens. Im Zweifelsfall ist die Nicht-Einladung zur Verhinderung eines Schadens besser als die Ausladung, die Ausladung besser als Gewalt oder eine andere Form der Nötigung, diese besser als eine Einschränkung der Wissenschaft als System. Wenn eine Einschränkung einer Redehandlung gerechtfertigt ist und man die Wahl zwischen verschiedenen Formen der Einschränkung von Redehandlungen hat, ist es besser, diejenige zu wählen, die mit geringeren Kosten verbunden ist.

Manchmal aber steht die niederschwelligste Option, die Nicht-Einladung, nicht mehr zur Verfügung. Dann stellt sich die Frage, ob eine höherschwellige Einschränkungshandlung gerechtfertigt werden kann. Vermutlich haben sich die Veranstalter der phil.Cologne 2015, als sich die Proteste gegen Singer erhoben, darüber geärgert, nicht auf eine Einladung verzichtet zu haben; auch der GAP-Vorstand hätte sich vermutlich, als er vor der unangenehmen Entscheidung stand, die erfolgte Einladung an Georg Meggle zurückzunehmen oder nicht, gewünscht, ihn nicht eingeladen zu haben. Aber das war in beiden Fällen keine Option mehr, da die Einladung bereits erfolgt war. Daher mussten sich die Organisatoren die Frage stellen, ob die höherschwellige Maßnahme zur Unterbindung einer Redehandlung, die Ausladung, gerechtfertigt war. Entsprechend kann man sich – in wissenschaftlichen wie in außerwissenschaftlichen Kontexten – Situationen vorstellen, in denen sich die Frage stellt, ob man eine Redehandlung, die bereits stattfindet, also z. B. einen laufenden Vortrag oder eine Vorlesungsreihe, unterbinden soll. Beginnt

z. B. eine Abgeordnete im Bundestag mit einem Redebeitrag zu einem neutralen Thema, versucht dann aber
im Verlauf der Rede, die ihr zustehende Redezeit zur
Verkündigung rassistischer Parolen zu nutzen, kann die
Bundestagspräsidentin ihr das Rederecht entziehen und
diesen Entzug notfalls mit Gewalt durchsetzen lassen.
Benutzt ein Hochschullehrer seine Möglichkeit, Vorle-
sungen vor Studierenden zu halten, zur Verkündigung
von Nazi-Parolen, ist ein analoges Vorgehen, also die
notfalls mit Gewalt durchzusetzende Entfernung der
Person aus dem Hochschuldienst, möglich (vgl. hierzu
ausführlich Picker/Reif 2021). Steht eine niederschwelligere Maßnahme nicht mehr zur Verfügung, wird man
erwägen (müssen), eine höherschwelligere Maßnahme,
d. h. eine solche, die höhere Rechtfertigungshürden
nehmen muss, zur Einschränkung von Redehandlungen
einzusetzen. Angezeigt ist also immer die – nach Stand
der Dinge und Realität – niederschwelligste *mögliche*
Maßnahme.

4. Um zu entscheiden, ob eine solche höherschwellige
Maßnahme gerechtfertigt ist, wird man den für den
Fall des Verzichts auf eine Einschränkung der Redehandlung zu erwartenden Schaden zu betrachten und
zu fragen haben, ob dieser Schaden so gravierend ist,
dass er die Rechtfertigungshürden für diese höherschwellige Maßnahme nimmt. Man wird, genauer gesagt, zu fragen haben, ob der zu erwartende Schaden
so groß ist, dass die angesichts des gegenwärtig Möglichen niederschwelligste Maßnahme der Einschränkung
der Redehandlung gerechtfertigt ist. Ist z. B. zu erwarten, dass ein Redner offene Hassparolen etwa antise-
mitischer oder rassistischer Art verkünden wird, und
ist weiterhin realistischerweise zu unterstellen, dass die
Bedingungen der Nicht-Kompensation und der fehlenden Alternative erfüllt sind, gilt: Auch hier ist die

niederschwelligste mögliche Maßnahme die beste. Falls möglich, sollte man den Redner nicht einladen. Ist das nicht mehr möglich, weil er bereits eingeladen ist, werden angesichts der Größe des zu erwartenden Schadens sehr wahrscheinlich auch die Rechtfertigungsbedingungen für eine Ausladung erfüllt sein. Findet der Vortrag bereits statt, ist also auch eine Ausladung nicht mehr möglich, mag man erwägen, ob es in diesem Fall gerechtfertigt ist, ihn durch – nicht von Privatpersonen, aber von demokratisch legitimierten staatlichen Vollstreckungsorganen ausgehende – Gewalt zu unterbinden. Geht man von einem Gewaltmonopol des Staates aus, wird der Schaden, der den Einsatz dieses Gewaltmonopols rechtfertigt, so erheblich sein müssen, dass seine Herbeiführung mit der Erfüllung eines Straftatbestands zusammenfällt – etwa der Erfüllung des Straftatbestands der Volksverhetzung nach § 130 StGB. Man wird also zunächst zu fragen haben, ob die niederschwelligste mögliche Maßnahme zur Einschränkung einer Redehandlung gerechtfertigt ist, und, wenn diese nicht (mehr) zur Verfügung steht, in Bezug auf die nächst höherschwellige Maßnahme zu fragen haben, ob die Rechtfertigungsbedingungen, die zu ihrer Rechtfertigung erfüllt sein müssen, tatsächlich erfüllt sind.

4.4   Nochmals: Vier Beispiele

Im Lichte des oben dargestellten Entscheidungsverfahrens können wir noch einmal auf die vier in Abschn. 1.1 geschilderten Fälle zurückblicken. Manchmal wird man schon auf der ersten Stufe des oben skizzierten Verfahrens zögern, die Gatekeeper-Frage, ob im Falle eines Verzichts auf eine Einschränkung der Redehandlung überhaupt ein Schaden zu erwarten ist, den es durch eine solche Einschränkung zu verhindern gilt, mit „Ja" zu beantworten. Dies trifft auf den Fall der Ausladung Georg Meggles zu. Zwar wurde konzediert, dass *grundsätzlich* auch eine Einstellung der Diskursverweigerung einen legitimen Grund für die Einschränkung einer Redehandlung darstellen kann, aber im Falle von Georg Meggle war dieser Einschränkungsgrund nicht gegeben, da die bloße Unterzeichnung des „Zweiten Krefelder Appells" keineswegs hinreichend für die Zuschreibung einer solchen Einstellung der Diskursverweigerung ist. Zwar hätte man hier auf ein im Falle eines Redebeitrags von Georg Meggle zu erwartendes Unbehagen der Veranstalter angesichts der Unterzeichnung des Appells verweisen und dieses Unbehagen als zu verhindernden Schaden auffassen können, und angesichts der niedrigen Rechtfertigungsschwelle für eine Nicht-Einladung wäre dieser Schaden – zusammen mit der Tatsache, dass niemand ein Rederecht hat – ein hinreichender Rechtfertigungsgrund für eine Nicht-Einladung gewesen. Aber die signifikant höheren Rechtfertigungsstandards für die Ausladung einer Person waren nicht erfüllt. Und da eine Nicht-Einladung keine Option mehr war, lag hier kein Schaden vor, der die noch zur Verfügung stehende niederschwelligste Form einer Einschränkung der Redehandlung gerechtfertigt hätte. In Abwesenheit eines zu verhindernden Schadens, der bedeutend genug gewesen wäre, um eine Ausladung zu rechtfertigen, war diese Ausladung unverhältnismäßig.

In den anderen drei diskutierten Fällen lagen die Dinge anders. Hier trat ein Schaden auf. Im Falle von Kathleen Stock lässt sich dieser Schaden in zwei Formen diagnostizieren. Er liegt zum einen in den kaum zu leugnenden Kränkungsgefühlen von Transpersonen, die durch Stocks Äußerungen bewirkt werden. Es ist empirisch plausibel anzunehmen, dass Transpersonen sich tatsächlich durch Stocks Äußerungen verletzt fühlen. Er liegt zum anderen in dem zu befürchtenden kausalen Beitrag, den Stocks Äußerungen zu Diskriminierungen leisten oder leisten könnten. Dieser ist, wie gezeigt, von Diskriminierungen selbst deutlich zu unterscheiden, denn Äußerungen müssen nicht diskriminierend sein, um Diskriminierungen zu verstärken. Diskriminierungen können auch durch Fehlrezeptionen vermittelt sein. Und es muss zumindest befürchtet werden, dass Fehlrezeptionen wie die durch den *Offenen Brief über Transphobie in der Philosophie* in die Welt gesetzten von anderen Personen übernommen werden, um dann unter *vermeintlich* berechtigter Autoritätsberufung auf die Philosophin Stock transphobe Ressentiments schüren und entsprechende Diskriminierungen verstärken zu können.

Zunächst zu den Kränkungsgefühlen: Man wird diesen einiges Gewicht zusprechen und sie nicht als bloße Empfindlichkeiten und als keiner weiteren Beachtung bedürftig einstufen, weil sie Kränkungsgefühle von Angehörigen einer vulnerablen Gruppe und daher in hohem Grade nachvollziehbar sind. (Über Dauer und Intensität dieser Kränkungsgefühle lässt sich einzelfallunabhängig kaum etwas sagen.) Transpersonen sind in vielen Lebensbereichen sozialen Benachteiligungen und Stigmatisierungen ausgesetzt. Dass sie auf Äußerungen wie diejenigen Stocks sensibel reagieren und sich durch sie gekränkt fühlen, ist nachvollziehbar. So ist z. B. nachvollziehbar, dass Transpersonen sensibel und gekränkt auf Stocks Ansicht reagieren, dass Transfrauen, die vor der Transition als Männer wegen sexueller Übergriffe gegen Frauen verurteilt wurden, zur Vermeidung weiterer Übergriffe nicht in Frauengefängnissen untergebracht werden sollten (Stock 2022, 129–136), da sie diese Ansicht so auffassen, als unterstelle Stock damit, dass Transfrauen tendenziell Vergewaltiger seien. Solche Kränkungsgefühle werden durch Fehlrezeptionen wie die im *Offenen Brief* zum Ausdruck kommenden noch massiv verstärkt, denn diese vermitteln fälschlich den

Eindruck, dass eine anerkannte Philosophin wie Stock sich an der gesellschaftlichen Marginalisierung von Transpersonen beteiligen wolle.

Kränkungsgefühle sind aber, wie in Abschn. 3.6 argumentiert wurde, mit den Vorteilen, die beim Verzicht auf eine Einschränkung der Redehandlungen entstehen, abzuwägen, und ihnen kommt kein Veto-Recht zu. In Bezug auf diese Kränkungsgefühle ist zu fragen, ob die beiden oben genannten Zusatzbedingungen für eine gerechtfertigte Einschränkung von Redehandlungen erfüllt sind, ob es also zum einen nicht der Fall ist, dass der Schaden auf andere Weise vermieden werden kann als durch die Einschränkung der Redehandlungen (Bedingung der Alternativenlosigkeit), und ob es zum anderen auch nicht der Fall ist, dass der Schaden durch einen entgegenstehenden Nutzen kompensiert oder überkompensiert wird (Bedingung der fehlenden Kompensation.) Die Bedingung der Alternativenlosigkeit ist vermutlich erfüllt: In der hochgradig emotionalisierten Debatte um die Rechte und die Diskriminierungen von Transpersonen ist realistischerweise davon auszugehen, dass sich die genannten Kränkungsgefühle, die infolge der Redehandlungen Stocks auftreten, tatsächlich derzeit kaum anders verhindern lassen als durch deren Einschränkung. Ob aber die Bedingung der fehlenden Kompensation erfüllt ist, kann man bezweifeln. Man kann plausibel argumentieren, dass Stocks Äußerungen, gerade weil sie nicht dem *mainstream* entsprechen, bedeutend und interessant genug sind, um ihre Diskussion (natürlich nicht notwendig ihre Akzeptanz!) als einen Vorteil anzusehen, der den in den Kränkungsgefühlen einiger Transpersonen bestehenden Schaden kompensiert. Wer glaubt, dass Stock mit *Material Girls* einen substantiellen und seriösen Beitrag zu drängenden sozialen Fragen um *sex* und *gender* geleistet hat, wird auch die Ansicht plausibel finden, dass man auf dessen Diskussion nicht mit Rücksicht auf Kränkungsgefühle verzichten sollte.

Wie steht es mit dem anderen Schadenselement, nämlich dem kausalen Beitrag zu Diskriminierungen, die Stocks Beiträge ungeachtet der Tatsache erbringen können, dass sie selbst nicht diskriminierend sind? Hier mag man in Bezug auf die Kompensationsfrage Zweifel hegen, ob eine Verstärkung von Diskriminierungen, die durch Stocks Äußerungen bewirkt werden könnte, durch den Wert ihrer Beiträge kompensiert werden würde. Zwar ist es notorisch schwierig, den negativen Wert von Diskriminierungen mit dem positiven Wert wissenschaftlicher Erkenntnis in einen Bezug zu setzen, aber man kann bezweifeln, dass wissenschaftliche Erkenntnis überhaupt so bedeutsam sein kann, dass sie die Verstärkung von Diskriminierungen rechtfertigt, und man kann – den wissenschaftlichen Wert von Stocks Schriften durchaus anerkennend – behaupten, dass man lieber auf einen Fortschritt der wissenschaftlichen Erkenntnis verzichten als die Verstärkung von Diskriminierungen in Kauf nehmen sollte. Es bestehen aber erhebliche Zweifel, ob in Bezug auf den Schaden der möglichen Verstärkung von Diskriminierungen die Bedingung der Alternativenlosigkeit erfüllt ist, d. h. ob es zur Verhinderung dieses Schadens keine Alternativen zur Einschränkung von Redehandlungen gibt. Wenn, wie oben ausgeführt, Stocks Äußerungen, insofern sie zu Verstärkungen von Diskriminierungen führen, dies vermittelt über Fehlrezeptionen tun, gibt es (mindestens) eine Alternative zur Verhinderung dieser Verstärkung von Diskriminierungen, nämlich die Ausräumung dieser Fehlrezeptionen. Einen Rüffel verdienen diejenigen, die diese Fehlrezeptionen in die Welt setzen oder unkritisch übernehmen. Ihnen ist der Rat zu erteilen, Stocks Schriften zu lesen, statt – um gut hörbar im Chor der moralisch Anständigen mitsingen zu können – uninformiert gegen sie

Front zu machen und eben dadurch, durch die Bereitstellung von scheinbaren Autoritätsargumenten, diejenigen zu stärken, die transphobe Menschen tatsächlich diskriminieren *wollen.* Manchmal ist Lesen eine gute Alternative zu Protest, zu einer Nicht-Einladung und zu einer Ausladung, von anderen Formen der Einschränkung von Redehandlungen ganz abgesehen.

Im Fall von Kathleen Stock ist also die Gatekeeper-Frage mit „Ja" zu beantworten: Bei Verzicht auf eine Einschränkung ihrer Redehandlungen entsteht ein Schaden. Aber dieser Schaden ist nicht so geartet, dass er eine Einschränkung der Redehandlungen Stocks rechtfertigt, denn mindestens eine der beiden genannten Zusatzbedingungen für eine legitime Einschränkung ist nicht erfüllt. Die zu erwartenden Kränkungsgefühle von Transpersonen sind – auch wenn sie kein *fundamentum in re* in den Schriften Stocks haben und sich durch diese nicht begründen lassen – nachvollziehbar und bedauerlich, werden aber vermutlich durch den Fortschritt der wissenschaftlichen Erkenntnis, zu dem Stock beiträgt, kompensiert; der Schaden der Verstärkung von Diskriminierungen durch die nicht-diskriminierenden Äußerungen Stocks ist zwar möglicherweise nicht durch Erkenntnisfortschritt kompensierbar, kann aber auf andere Weise als durch die Einschränkung dieser Redehandlungen, nämlich durch sachgerechte und nicht ideologisch verzerrte Rezeption ihrer Schriften, verhindert werden.

Wenn dies stimmt, dann sind in diesem Fall Einschränkungshandlungen nicht plausibel zu begründen. Zwar ließe sich die niederschwelligste Einschränkungshandlung, also eine Nicht-Einladung Stocks zu einer Konferenz über *sex* und *gender,* leicht mit Hinweis auf ein Missbehagen der Veranstalter und das fehlende Rederecht jeder Person, also auch Kathleen Stocks, rechtfertigen (wie im Falle von Georg Meggle); sie wäre allerdings aus von der

Frage der Einschränkung von Redehandlungen ganz unabhängigen Gründen befremdlich, da Stock für ein solches Thema absolut einschlägig ist. Nicht gerechtfertigt wäre, wenn das oben Gesagte stimmt, eine Ausladung Stocks, denn die dafür nötigen, deutlich anspruchsvolleren Rechtfertigungsbedingungen wären eindeutig nicht erfüllt. Erst recht nicht gerechtfertigt wären und waren die noch höherschwelligeren Einschränkungshandlungen, mit denen Stocks Redehandlungen de facto unterbunden wurden. Auch diejenigen, die der Annahme, dass niederschwelligere Einschränkungsmaßnahmen nicht gerechtfertigt sind, widersprechen würden – etwa, weil sie die Frage der Kompensierbarkeit von Kränkungsgefühlen anders beantworten und diese Kränkungsgefühle entweder für grundsätzlich nicht kompensierbar halten oder den Wert der Schriften Stocks nicht so hoch einschätzen, dass diese Kompensation gegeben ist –, würden vermutlich zustimmen, dass die massiveren Einschränkungshandlungen, zu denen es de facto kam, nicht gerechtfertigt waren. Dies betrifft insbesondere die Einschränkung durch gewalthafte Formen des Protests und andere Formen der Nötigung. Dass der durch die Äußerungen Stocks möglicherweise entstehende Schaden nicht bedeutend genug ist, um die anspruchsvollen Rechtfertigungsbedingungen für *diese Formen* der Einschränkung von Redehandlungen zu erfüllen, sollte konsensfähig sein. Und dass schließlich auch kein Wissenschaftssystem wünschbar sein kann, in dem Äußerungen wie diejenigen Stocks, die nicht dem *mainstream* entsprechen und Sensibilitäten berühren, durch institutionelle Vorgaben reguliert und eingeschränkt werden, sollte keiner weiteren Erläuterung bedürftig sein.

Der Fall Peter Singers ist demjenigen Stocks in vielen Hinsichten ähnlich. Auch hier ist die Eingangsfrage, ob im Falle des Verzichts auf eine Einschränkung von Redehandlungen ein Schaden zu erwarten ist, mit „Ja" zu beantworten, und auch hier ist es plausibel, die Art dieses Schadens so zu spezifizieren wie im Falle Stocks: Zum einen sind Kränkungsgefühle, in diesem Fall Kränkungsgefühle behinderter Menschen, zu erwarten; zum anderen ist zu befürchten, dass Singers Äußerungen – obwohl selbst nicht diskriminierend – zu Diskriminierungen behinderter Menschen beitragen könnten, indem sie, vermittelt über Fehlrezeptionen, den Eindruck festigen könnten, dass deren Leben „weniger wert" sei als das nicht behinderter Menschen, was zu ihrer weiteren Marginalisierung beitragen könnte. Auch im Falle Singers steht außer Frage, dass er auf hohem Argumentationsniveau einen wertvollen Beitrag zu drängenden bioethischen Fragen geleistet hat. Daher ist es hier ähnlich wie im Falle Stocks plausibel anzunehmen, dass aus der Verbreitung seiner Ansichten bedauerliche Kränkungsgefühle resultieren könnten, die aber durch den dadurch erzielten Erkenntnisgewinn kompensiert werden und daher in Kauf zu nehmen sind (vgl. hierzu auch Wolf 1991, 187–192). Im Falle Singers ist es ebenfalls ähnlich wie im Falle Stocks plausibel anzunehmen, dass der kausale Beitrag, den Singers Äußerungen zu Diskriminierungen leisten könnten, auf andere Weise als durch die Einschränkung von Redehandlungen zu vermeiden ist, nämlich durch die Ausräumung von Fehlrezeptionen und den Appell an nüchterne und vorurteilsfreie Lektüre seiner Schriften.

Allerdings besteht zwischen den Fällen Stocks und Singers ein signifikanter Unterschied, der relevant für die Beurteilung der Frage ist, ob es legitim ist, die Redehandlungen beider einzuschränken. Zwar gilt, dass sowohl Stocks als auch Singers Äußerungen *nicht* diskriminierend sind. Aber um zu erkennen, dass sie es nicht sind, bedarf es in beiden Fällen unterschiedlicher Rezeptionsleistungen. Diese können im Falle Stocks auch von einem außeruniversitären Rezipientenkreis erwartet werden, im Falle

Singers hingegen nicht. Es bedarf bei der Beurteilung der Thesen Singers einer gewissen philosophischen Expertise und eines in der Untersuchung philosophischer Argumente geschulten Differenzierungsvermögens, um zu sehen, dass seine Thesen nicht diskriminierend sind; eine solche Expertise und ein solches Differenzierungsvermögen aber kann nicht in allen, sondern nur in bestimmten Redekontexten vorausgesetzt werden. Außerhalb dieser Redekontexte stellt es eine Überforderung dar, eine solche Rezeptionsleistung zu erwarten, und es reicht dann nicht, wie im Falle Stocks einfach an die Bereitschaft zu nüchterner und vorurteilsfreier Lektüre der Schriften eines Autors und an hermeneutisches Wohlwollen zu appellieren.

Hierfür ein konkretes Beispiel. Als Utilitarist vertritt Singer die These, dass diejenigen Handlungen moralisch richtig sind, die Glück unparteilich maximieren bzw. Leiden unparteilich minimieren. Darum ist er der Ansicht, dass es in einer Situation, in der zu entscheiden ist, ob ein Wesen mit oder ohne eine sein Glück negativ beeinträchtigende Einschränkung in die Welt gebracht werden sollte, besser ist, ein Wesen ohne eine solche Einschränkung als ein Wesen mit einer solchen Einschränkung in die Welt zu bringen. Es ist demnach z. B. besser, ein Individuum ohne Contergan-Schädigung als ein Individuum mit Contergan-Schädigung in die Welt zu bringen. Was bedeutet dies nun für *existierende* Menschen, die eine solche Schädigung haben? Singer hat zu Recht betont: Es unterminiert nicht im geringsten den Respekt, den wir ihnen schulden, die Unterstützung, die sie aufgrund dieser Einschränkung verdienen, und die Wertschätzung, die wir ihnen entgegenbringen (Singer 1994, 446–449). Um aber zu sehen, dass dies stimmt, muss man erkennen, dass aus der unpersönlichen ex-ante-Beschreibung (i) „Es wäre besser, statt eines Individuums mit der Einschränkung E ein Individuum ohne diese Einschränkung in die Welt

zu bringen" in Bezug auf ein bereits existierendes Individuum mit einer solchen Einschränkung zwar folgt: (ii) „Es
wäre besser gewesen, wenn dieses Individuum ohne die
Einschränkung E in die Welt gekommen wäre", hingegen
nicht: (iii) „Es wäre besser gewesen, wenn *statt dieses Individuums* ein Individuum ohne die Einschränkung E in
die Welt gekommen wäre". Der Grund dafür, dass aus (i)
zwar (ii), aber nicht (iii) folgt, ist, sehr verkürzt und ver-
einfachend gesprochen, dass ein bereits existierendes Individuum eine (personale oder vorpersonale) Identität hat
und die Einschränkung, die das Individuum hat, zwar *eine*
Eigenschaft des Individuums ist, aber nicht seine Identität
als ganze ausmacht. In der Ex-ante-Situation, in der eine
Reproduktionsentscheidung über ein nur möglicherweise
existierendes Wesen zu treffen ist, treffen wir hingegen
noch keine Entscheidung über ein Wesen, das, weil exis-
tierend, eine vorpersonale oder personale Identität hat.
Darum ist die Ex-ante-Perspektive von der retrospektiven
Ex-post-Perspektive fundamental unterschieden. Und es
wäre keinesfalls widersprüchlich (und würde vermutlich
auch nicht als kränkend empfunden), einem Individuum
zu sagen: „Es wäre besser gewesen, wenn Du ohne diese
Einschränkung auf die Welt gekommen wärest, und es ist
bedauerlich, dass Du diese Einschränkung hast, und es ist
gut, dass Du auf der Welt bist."

Distinktionen dieser Art, insbesondere die Unterscheidung zwischen Ex-ante- und Ex-post-Perspektive, sind
allerdings nicht leicht nachzuvollziehen und zu erkennen.
Wer sie nicht sieht und deswegen glaubt, Singers Thesen
implizierten eine Geringschätzung existierender Menschen mit Einschränkungen, dem ist nicht notwendig eine
oberflächliche oder gar böswillige Lektüre seiner Schriften vorzuwerfen. Die Rezeptionsleistung, die erfordert ist,
um zu erkennen, dass Singers Thesen *nicht* behinderten-
feindlich sind, ist nicht in jedem Redekontext legitimer-

weise erwartbar. Sie ist erwartbar von Studierenden in einem Seminar über Singers *Praktische Ethik*. Sie ist natürlich auch erwartbar von professionellen akademischen Philosoph:innen. Aber sie ist realistischerweise nicht erwartbar von einem Publikum, an das sich eine Veranstaltung wie die phil.Cologne richtet. In außeruniversitären Kontexten ist weder im prognostischen noch im normativen Sinne von „erwarten" zu erwarten, dass die Rezeptionsleistung erbracht wird, die erbracht werden muss, um zu erkennen, dass Singers Äußerungen nicht diskriminierend sind.

Das bedeutet, dass in solchen Kontexten Kränkungsgefühle in besonderer Weise nachvollziehbar und Fehlrezeptionen, die Diskriminierungen verstärken könnten, besonders naheliegend, vielleicht sogar unvermeidbar sind. Der Schaden, der bei einem Verzicht auf eine Einschränkung von Redehandlungen zu befürchten ist, ist daher in solchen Kontexten schwerwiegender als in anderen, insbesondere universitären Rezeptionskontexten. Daher scheinen in solchen Rede- und Rezeptionskontexten Einschränkungen von Redehandlungen Singers gerechtfertigt, und zwar nicht nur die niederschwelligsten der Nicht-Einladung einer Person, sondern auch die höherschwelligeren einer Ausladung. Konkret betrifft dies die Ausladung Singers von der phil.Cologne. Die phil.Cologne hat den Charakter eines ausdrücklich an die breitere Öffentlichkeit gerichteten „Philosophie Festivals". Es ist nicht angebracht, in diesem Rezeptionskontext die gleichen Anforderungen an Rezipierende zu stellen wie man sie z. B. legitimerweise in einem universitären Seminar an Studierende oder an professionelle Philosoph:innen stellen würde. Dass in einem solchen Kontext keine differenzierte Rezeption der Thesen Singers stattfinden kann, ist absehbar, und dies festzustellen ist nicht Ausdruck universitärer Arroganz, sondern der Kenntnisnahme der Realitäten. Darum wäre der Verzicht auf eine Einladung Singers zu einer Veranstaltung *mit einem solchen Rezeptionskontext* klug gewesen. Da aber die Einladung – vermutlich zum Bedauern der Veranstalter – nun einmal ausgesprochen war, scheint mit Rücksicht auf die in besonderer Weise nachvollziehbaren Kränkungsgefühle und auf die Gefahr einer Verstärkung von Diskriminierungen, die über in diesem Kontext kaum zu vermeidende Fehlrezeptionen herbeigeführt werden könnte, auch die erfolgte Ausladung Singers gerechtfertigt. Dies gilt ungeachtet der Tatsache, dass Singer zu einem tierethischen Thema („Retten Veganer die Welt?") hätte sprechen sollen, da sich seine tierethischen Positionen kaum von seinen bioethischen Positionen in Bezug auf nicht-personale menschliche Wesen entkoppeln lassen und das eine die Kehrseite des anderen ist.

Diese Rechtfertigung auch der nicht niederschwelligsten Einschränkung von Redehandlungen gilt aber, dies ist zu betonen, *ausschließlich* in Bezug auf außeruniversitäre Rede- und Rezeptionskontexte wie bei der phil.Cologne. Es ist etwas fundamental anderes, ob erwogen wird, die Redehandlungen Singers in einer Universität oder auf der phil.Cologne einzuschränken. Geht es um einen Vortrag an der Universität, ist mit allem Nachdruck zu fordern, dass das Publikum sich der Mühe einer gewissenhaften und unvoreingenommenen Lektüre der Schriften Singers unterwirft und eventuelle eigene Kränkungsgefühle im Lichte dieser Lektüre zu korrigieren bereit ist. Die Universität ist der Ort, an dem man – ohne damit ein generell höheres Kompetenzniveau von Studierenden als z. B. des Publikums bei der phil.Cologne unterstellen zu müssen – mühevolle Rezeptionsleistungen verlangen darf (natürlich auch vom außeruniversitären Publikum, das an die Universität kommt) und in dem man Fehlrezeptionen mit der Aufforderung an Rezipienten, sich mit den Dingen gründlicher auseinanderzusetzen, begegnen darf. Solange die Möglichkeit besteht, Singer im geschützten Raum der Universität sprechen zu lassen und seine Thesen dort unvoreingenommen, sachlich und differenziert zu diskutieren – eine Möglichkeit, die man mit Zähnen und Klauen gegen eventuelle Eingriffe von außen verteidigen sollte –, kann man daher mit einiger Gelassenheit auf die Diskussion seiner Thesen in Kontexten wie der phil.Cologne verzichten. Denn es ist besser, nicht zu diskutieren, als schlecht zu diskutieren.

Zwei Anmerkungen sind hier noch am Platz. Zum einen: Man kann die Ausladung Singers von der phil.Cologne opportunistisch finden. Mehr noch: Sie war auch opportunistisch. In dem am 04.06.2015 im *Kölner Stadt-Anzeiger* erschienenen offenen Brief „Gegen Populismus und Denkverbote in der Philosophie – ein Nachruf auf die phil.Cologne" kritisieren die Unterzeichnenden eben dies: „Die Veranstalter haben Peter Singer aus rein opportunistischen und populistischen Gründen ausgeladen – aus Angst vor Konflikten und öffentlichen Protesten, die sich schon abzeichneten" (Brendel et al. 2015). Das stimmt. Aber es gibt auch weisen Opportunismus. Es ist nicht immer falsch, Konflikten und öffentlichen Protesten aus dem Weg zu gehen, jedenfalls dann nicht, wenn dafür kein zu hoher Preis bezahlt werden muss. Der Preis, der im Falle der Absage des Vortrags Peter Singers bei der phil.Cologne zu zahlen war, war derjenige, dass Singer nicht bei der phil.Cologne sprechen konnte, nicht aber derjenige, dass er gar nicht sprechen konnte, denn ihm wurde dadurch ja nicht die Möglichkeit genommen, seine Ansichten an einer Universität oder an anderer Stelle, insbesondere in Publikationen, zur Diskussion zu stellen. Dieser Preis war gering genug, um ihn rationalerweise für die Vermeidung von Konflikten und öffentlichen Protesten – die Singers Ansichten zudem weiter in unberechtigten Misskredit gebracht hätten – zu zahlen bereit zu sein. Solange Singers

Thesen in anderen Kontexten gewinnbringend diskutiert werden können, muss man sich nicht zu sehr darüber grämen, dass dies nicht bei der phil.Cologne geschehen kann. Dort kann man dann getrost dem bekannten Germanisten Richard David Precht und anderen das Feld überlassen.

Zum anderen gilt auch in Bezug auf Ausladungen: Der Ton macht die Musik. Man kann eine Ausladung so oder so aussprechen. Man kann sie moralisierend im vorwurfsvollen und herablassenden Tonfall des Gralshüters der richtigen Moral aussprechen, wie es die Veranstalter der phil.Cologne in ihrer offiziellen Begründung der Ausladung leider getan haben: „Peter Singer hat Standpunkte vertreten, die im Widerspruch zu dem humanistisch-emanzipatorischen Selbstverständnis stehen, das die phil. Cologne leitet" (zitiert nach Dear 2016, 118). Man hätte die Ausladung allerdings auch statt mit einer selbstgefälligen Bekundung der eigenen moralischen Überlegenheit mit einer Entschuldigung an die ausgeladene Person verknüpfen und deutlich machen können, dass man sich zu diesem Schritt ausschließlich aus „opportunistischer" Angst vor ansonsten zu befürchtenden Konflikten und Protesten entschlossen habe, die man bei einer Veranstaltung, die die Öffentlichkeit nicht von der Philosophie entfremden, sondern ihr näherbringen soll, vermeiden möchte. Man hätte deutlich machen können, dass man sich der Tatsache, dass die gegen Singer gerichteten Vorwürfe unberechtigt sind, bewusst ist. Das hätte den Affront, der mit einer Ausladung notwendig verbunden ist, abgemildert. Man hätte die Ausladung vermutlich in einer Weise orchestrieren können, dass sie auch für den primär Betroffenen Peter Singer akzeptabel gewesen wäre.

Anders als in den Fällen von Georg Meggle, Kathleen Stock und Peter Singer kam es im „Siegener Fall" der Einladung Thilo Sarrazins und Marc Jongens nicht zur Einschränkung von Redehandlungen. Beide Vorträge fanden statt. Dass im Vorfeld dieser Vorträge einige ihre Meinung äußerten, dass diese Vorträge nicht stattfinden sollten, stellte keine Einschränkung der Redehandlungen Sarrazins und Jongens dar, da die Äußerung der Ansicht, dass eine Redehandlung eingeschränkt werden sollte, keine Einschränkung einer Redehandlung ist. Dass nach der Darstellung Dieter Schöneckers von Seiten der Fakultät der von ihm dann zu Recht kritisierte Versuch unternommen wurde, Einfluss darauf zu nehmen, wie er die ihm im Rahmen des üblichen Verteilungsverfahrens zugewiesenen Mittel verwenden würde, war hochschulrechtlich fragwürdig, betrifft aber nur *die Weise,* wie die Fakultät auf das Stattfinden der Vorträge Einfluss zu nehmen versuchte, und ändert nichts daran, dass diese auf andere, insbesondere mit hochschulrechtlichen Normen kompatible Weise das Recht hatte, auf die Nicht-Einladung von Sarrazin und Jongen hinzuwirken. Obwohl es hier also nicht zur Einschränkung von Redehandlungen kam, lohnt es zu fragen, welche Argumente dafür ins Feld hätten geführt werden können und ob eine Einschränkung, und wenn ja welche, gerechtfertigt gewesen wäre. Denn auch im Falle von Sarrazin und Jongen gilt, dass die Einschränkung von Redehandlungen, nicht ihre Gewährung, der Rechtfertigung durch den Hinweis auf einen damit zu verhindernden Schaden bedarf.

Es liegt nahe und ist auch plausibel, in diesem Fall den Schaden auf ähnliche Weise zu spezifizieren wie im Falle von Stock und Singer, nämlich durch den Hinweis auf kausale Beiträge zu Diskriminierungen und eventuell entstehende Kränkungsgefühle. Dass z. B. die Ausführungen Sarrazins in *Deutschland schafft sich ab* geeignet sind, Diskriminierungen zu verstärken – und dass dies auch dann gilt, wenn man unterstellt, dass diese Ausführungen selbst nicht diskriminierend sind –, wurde bereits dargelegt. Auch ist anzunehmen, dass sie Kränkungsgefühle insbe-

sondere von Angehörigen muslimischen Glaubens hervor-
rufen werden. Darüber hinaus wäre es aber im Falle von
Sarrazin und Jongen auch plausibel, auf die in Abschn. 3.3
erörterten einstellungsbezogenen Gründe als Gründe für
die Einschränkung von Redehandlungen zu verweisen.
Für viele potentielle Veranstalter:innen wäre ein Grund
dafür, von einer Einladung Sarrazins und Jongens Abstand zu nehmen, gewesen, dass sie eine moralische Komplizenschaft mit Ressentiments schürenden politischen
Agitatoren und Komplizenschaft mit einer Einstellung
der Rationalitätsverweigerung hätten vermeiden wollen.
Sie hätten im sozialen Rahmen einer universitären Veranstaltung unter den in diesem Kontext geltenden sozialen
Normen nicht mit Personen interagieren wollen, denen sie
teils inakzeptable moralische Einstellungen, teils eine Einstellung der Rationalitätsverweigerung zugeschrieben hätten. Sie hätten z. B. dem AfD-Politiker Marc Jongen nicht
mit der gleichen Freundlichkeit begegnen wollen, mit der
man Fachkolleg:innen, die man zu Vorträgen einlädt, be-
gegnet, denn sie hätten das Gefühl gehabt, damit die soziale Distanz zu unterschreiten, die sie gegenüber einer
Person hätten wahren wollen, die als Repräsentant einer
Partei auftritt, die Ressentiments fördert und die Sache
der Rationalität und Nachdenklichkeit, des abwägenden
Für und Wider der Argumente, aktiv bekämpft. Sie hätten Sarrazin und Jongen nicht im freundlichen Small-Talk
zum Veranstaltungsort begleiten, sie mit der gegenüber
Eingeladenen gebotenen Wertschätzung vorstellen und
nach dem Vortrag mit ihnen noch in freundlicher Atmosphäre den üblichen Restaurantbesuch absolvieren wollen.
Dieser Wunsch nach Distanzwahrung im sozialen Kontext einer wissenschaftlichen Veranstaltung wäre für viele
ein legitimer Grund dafür gewesen, von einer Einladung
der beiden genannten Personen Abstand zu nehmen.
Mit dem aufrichtigen Interesse daran, die Positionen bei-

der Personen zur Kenntnis zu nehmen, wäre dies, wie in Abschn. 3.3 ausgeführt wurde, keineswegs unverträglich gewesen. Es ist keinesfalls widersprüchlich, Sarrazins *Deutschland schafft sich ab* mit Interesse zu lesen, aber ihn nicht als Moderator einer wissenschaftlichen Veranstaltung freundlich willkommen heißen zu wollen. Dass die genannten Bedenken ein plausibler Grund dafür sind, eine Person nicht einladen oder eine von einer anderen Person ausgesprochene Einladung nicht unterstützen zu wollen, ändert nichts daran, dass diejenigen, die diese Bedenken nicht haben und die keine unangemessene Komplizenschaft darin sehen, politische Agitatoren zu universitären Veranstaltungen einzuladen, das (juristische und moralische) Recht haben, eben dies zu tun. Zu den Personen, die man zu einer wissenschaftlichen Veranstaltung einlädt, müssen ja keineswegs nur ausgewiesene Wissenschaftler:innen gehören. Ein solches Einladungsrecht (das allerdings keine Pflicht anderer, etwa einer philosophischen Fachgesellschaft, zur Unterstützung der Einladung begründet) haben auch diejenigen niemals bestritten, die so frei waren, ihre Meinung zu äußern, dass man Sarrazin und Jongen nicht einladen *sollte*. Sie haben damit eine Meinung zum Ausdruck gebracht, die eine andere war als die des einladenden Hochschullehrers. Aber Meinungen, die der eigenen Meinung entgegenstehen, sollte man in einer demokratischen und liberalen Diskussionskultur aushalten können – auch dann, wenn sie *nicht* von „rechtsaußen" kommen.

Der Siegener Fall unterscheidet sich in einer weiteren wesentlichen Hinsicht von den vorher genannten drei Fällen. Dieser Unterschied betrifft die Beantwortung der Frage, ob der Schaden, der im Falle des Verzichts auf eine Einschränkung der Redehandlung zu erwarten wäre, durch den mit dieser Redehandlung einhergehenden Vorteil kompensiert oder überkompensiert würde. In Bezug auf Stock und Singer wird man nicht in Abrede stellen können, dass ein solcher Vorteil, der den bei Nicht-Einschränkung einer Redehandlung zu erwartenden Schaden kompensieren oder überkompensieren könnte, zumindest in Betracht kommt. Niemand wird ernsthaft bestreiten, dass Stock und Singer zu den Themen, zu denen sie sich äußern, Substantielles und den Erkenntnisprozess Förderndes zu sagen haben. Auf die Frage nach den positiven Gründen dafür, sie einzuladen, liegt daher die Antwort auf der Hand: Sie haben offensichtlich Interessantes zu sagen. Im Falle von Sarrazin und Jongen ist dies nicht so deutlich. Dass beide keine Wissenschaftler sind, disqualifiziert sie keineswegs für eine Einladung an die Universität. Es qualifiziert sie aber auch nicht dafür.[1] Es ist kein Argument gegen eine Einladung, aber auch keines dafür. Es wirft vielmehr die Frage auf, aus welchen Gründen, wenn nicht aus denen der wissenschaftlichen Einschlägigkeit, sie eingeladen werden *sollten*. Wenn es keine solchen Gründe *für* eine Einladung gibt und wenn es einen Schaden gibt, der dadurch, dass man sie nicht einlädt, verhindert werden könnte, dann ist dies ein Argument dafür, sie nicht einzuladen, denn dem durch die Nicht-Einladung zu verhindernden Schaden stehen dann keine ihn kompensierenden oder überkompensierenden Vorteile entgegen.

Warum also sollte man Sarrazin und Jongen einladen? Dieter Schönecker schreibt in Bezug auf Sarrazin:

---

[1] Der häufig so genannte „AfD-Parteiphilosoph" Marc Jongen wird hier nicht als Wissenschaftler eingestuft, obwohl er vom Jahrhundertdenker Peter Sloterdijk mit einer (unveröffentlichten und auch online nicht mehr zugänglichen) Dissertationsschrift mit dem imposanten, ganz im Stile des Meisters verfassten und diesem huldigenden Titel *Nichtvergessenheit: Tradition und Wahrheit im transhistorischen Äon: Umrisse einer hermetischen Gegenwartsdeutung im Anschluss an zentrale Motive bei Leopold Ziegler und Peter Sloterdijk* (Karlsruher Hochschulschrift 2009) promoviert wurde.

„Übrigens wurde Sarrazin auch nicht als Wissenschaftler eingeladen, sondern als jemand, der selbst Zielscheibe gravierender Einschränkungen von Meinungsfreiheit war und der daher etwas zur ‚Praxis' (wie es im Seminartitel heißt) der Meinungsfreiheit sagen konnte" (Schönecker 2021, 131). Wenn dies eine Begründung für die Einladung Sarrazins (vielleicht auch für diejenige Jongens) sein soll, ist es eine äußerst skurrile. Zum einen fragt man sich verwundert, wieso ausgerechnet Sarrazin als Exemplum für „gravierende Einschränkungen von Meinungsfreiheit" herhalten soll. Man hat den Eindruck, dass Sarrazins Meinungen recht gut in der Öffentlichkeit vernehmbar sind und seine Bücher durchaus Absatz finden. Auch den Bundestagsabgeordneten Marc Jongen wird man nur sehr begrenzt für fehlende Artikulationsmöglichkeiten bemitleiden können. Zum anderen und vor allem: Erfahrung in etwas gemacht zu haben qualifiziert nicht dazu, gewinnbringend und reflektiert über diese Erfahrungen zu sprechen. Es kann nicht notwendig diejenige am besten über die ethischen Probleme der Abtreibung sprechen, die schon einmal eine Abtreibung vorgenommen hat; es weiß nicht derjenige am besten und qualifiziertesten über Lungenkrebs zu sprechen, der Lungenkrebs hat; es kann nicht notwendig diejenige am besten und differenziertesten über Macht und Unterdrückung sprechen, die sie am eigenen Leibe erfahren hat.

Richtig ist sicherlich, dass es manchmal sinnvoll sein kann, Personen, die eine bestimmte Erfahrung gemacht haben, zu einer wissenschaftlichen Veranstaltung einzuladen, damit den anderen Teilnehmenden, die diese Erfahrung nicht gemacht haben, ein Eindruck davon vermittelt wird, wie es ist, sie zu machen. Es kann z. B. sehr sinnvoll sein, bei einer Konferenz über Fragen der Reproduktionsethik Personen, die mit einer Praxis wie Embryonenspende Erfahrungen haben, oder „Spenderkinder", die erst spät von ihrer genetischen Identität erfahren haben, zu Wort kommen zu lassen. Denn es gibt wenige, die diese Erfahrungen gemacht haben, und die vielen, die sie nicht gemacht haben, sollten empirisch informiert darüber sein und wissen, worüber sie sprechen, wenn sie sich z. B. zur Gametenspende äußern. In diesem Fall dienen die Beiträge der Personen, die diese Erfahrungen gemacht haben, dazu, anderen zu helfen, sich vorzustellen, wie es ist, eine solche Erfahrung zu machen, und ihr Wissen darüber zu erweitern. Es ist aber auch klar, dass ein solcher Erfahrungsbericht über Einschränkungen von Redehandlungen durch Sarrazin und Jongen überaus verzichtbar ist. Selbst wenn man einmal *demonstrandi causa* annimmt, dass beide tatsächlich Erfahrungen mit verschiedenen Formen der Einschränkung von Redehandlungen gemacht haben, muss man sich nicht von ihnen darüber belehren lassen, wie es ist, diese Erfahrungen zu machen. Auch ohne die freundliche Hilfestellung Sarrazins und Jongens kann man sich im Allgemeinen ziemlich problemlos vorstellen, wie es ist, *nicht* zu einem Vortrag eingeladen zu werden. Auch um sich vorzustellen, wie es ist, wenn andere gegen eigene Vorträge protestieren und öffentlich dagegen Stellung nehmen oder wenn man Opfer von Beschimpfungen und Verunglimpfungen in sozialen Medien wird, ist nicht mehr als ein minimales Ausmaß an Phantasie erforderlich, dem nicht durch Sarrazin und Jongen auf die Sprünge geholfen werden muss.

Es wäre unfair und abwegig, dem einladenden Hochschullehrer Dieter Schönecker zu unterstellen, dass er hier bewusst Grund und Folge verwechselt und Sarrazin und Jongen nicht eingeladen habe, *weil* sie „Zielscheibe gravierender Einschränkungen von Meinungsfreiheit" waren, sondern *um sie* – nach den zu erwartenden Widerworten gegen ihre Einladung – als eine solche Zielscheibe stilisieren zu können. Aber festzuhalten bleibt: Wenn es – was

bei Sarrazin und Jongen anders als bei Stock und Singer
der Fall war – wenig ersichtliche Gründe *für* die Einladung
einer Person gibt, dann ist ein Schaden, der aus der Einladung resultieren könnte, selbst wenn er vergleichsweise
gering ist, ein Grund, von dieser Einladung abzusehen.
Es wäre eine exzellente und gar nicht einmal sehr fernlie-
gende Idee gewesen, Sarrazin und Jongen *nicht* einzuladen.

Je gravierender der bei Verzicht auf eine Einschränkungshandlung zu erwartende Schaden ist, desto eher werden
auch Einschränkungshandlungen in Betracht kommen, die
anspruchsvollen Rechtfertigungsbedingungen zu genügen haben. Tritt bei Verzicht auf eine Einschränkung ein
Schaden auf, der nicht auf andere Weise als durch die Einschränkung verhindert werden kann und der nicht durch
einen entgegenstehenden Nutzen (über-)kompensiert
wird, ist die niederschwelligste mögliche Einschränkungshandlung einer höherschwelligen vorzuziehen.

Schlussbemerkungen

Philosophie erfordert, der Versuchung zu widerstehen, Argumente für das finden zu wollen, was man auch ohne Argumente denken will. Nicht immer wird das beherzigt. Die erhitzte Debatte um Redefreiheit in der Wissenschaft und um „cancel culture" vermittelt über weite Strecken den Eindruck, dass die Diskutierenden, fest überzeugt davon, ohnehin auf der richtigen Seite zu stehen, noch einmal erläutern, warum sie es tun. Einzelfälle wie die hier schwerpunktmäßig diskutierten vier Fälle werden dabei, statt sorgfältig auf ihre einzelfallspezifischen relevanten Merkmale befragt zu werden, als bloße Anwendungsfälle der vermeintlich zu führenden allgemeineren Grundsatz-debatte „Redefreiheit versus ‚cancel culture'" beurteilt. Überlagert dann diese vermeintlich wichtigere Grundsatz-debatte die Diskussion der Einzelfälle, werden nicht mehr Argumente ausgetauscht, sondern verbissen Ideologien verteidigt.

Im Vorhergehenden wurde versucht, die Diskussion dieser Einzelfälle von der festgefahrenen Frontenbildung, in der sich die Verteidiger von moralischen Werten wie dem Diskriminierungsverbot und die Verteidiger der Redefreiheit gegenüberstehen, zu lösen. Es wurden verschiedene Formen der Einschränkung von Redehandlungen und verschiedene Formen eines dadurch zu verhindernden Schadens voneinander unterschieden. Es wurde versucht, den im Falle des Verzichts auf eine Einschränkung der Redehandlung entstehenden Schaden zu verschiedenen Einschränkungshandlungen in Beziehung zu setzen und zu fragen, ob die für eine Einschränkungshandlung zu erfüllenden Rechtfertigungsbedingungen angesichts des andernfalls zu erwartenden Schadens erfüllt sind oder nicht. Dabei zeigte sich, dass die Fragen, die üblicherweise unter den Schlagworten „Wissenschaftsfreiheit", „Redefreiheit" und „Meinungsfreiheit" verhandelt werden, auch ohne Verwendung dieser Schlagworte diskutiert werden können. Mehr noch: Sie können auf diese Weise *besser*, nüchterner und vorurteilsfreier diskutiert werden. Verzichten wir auf die Verwendung dieser Ausdrücke, präjudizieren wir nicht schon durch die Weise, wie wir eine Frage stellen, ihre Beantwortung, und wir können dann über die Einschränkung von Redehandlungen diskutieren, ohne jemandem, der eine solche Einschränkung für legitim hält, zu unterstellen, er wolle jemanden an der Ausübung eines Freiheitsrechts hindern. Fragen wir schlicht, ob eine Redehandlung einzuschränken *richtig* oder *falsch* ist, verzichten wir darauf, ideologisch motivierten Beschränkungen von Redehandlungen die Ideologie der Freiheitseinschränkung entgegenzusetzen. Und das Unterminieren von Ideologien durch Argumente, nicht aber die Bekämpfung einer Ideologie mit einer anderen, ist seit Sokrates die Aufgabe der Philosophie.

Literatur

Anstötz, Christoph: Rezeption der utilitaristischen Position Peter Singers in der aktuellen Literatur der (deutschsprachigen) Sonderpädagogik und ihrer Grenzgebiete oder: Wie eine humane, lebensbejahende Ethik in eine „Tötungsethik" verwandelt wurde. In: Hegselmann/Merkel (Hg.) 1991, 276–311.

Bahners, Patrick: Georg Meggle ausgeladen: Bitte nicht öffentlich. In: FAZ vom 12.09.2022: https://www.faz.net/aktuell/feuilleton/debatten/georg-meggle-von-gesellschaft-fuer-analytische-philosophie-ausgeladen-18308925.html. Zugriff am 31.08.2023.

Bauer, Tomas: Wissenschaftsfreiheit in Lehre und Studium. Zur Konkretisierung des Art. 5 Abs. 3 GG im geltenden Recht. Berlin 1980.

BBC: „Protest at Oxford Union as talk goes ahead" (31.05.2021): https://www.bbc.com/news/education-65714821; „University of Sussex backs professor in free speech row" (08.10.2021): https://www.bbc.com/news/education-58841887; „University of Sussex free speech row professor quits" (29.10.2021): https://www.bbc.com/news/uk-england-sussex-59084446; „Free speech row prof Kathleen Stock: Protests like anxiety dream" (03.11.2021): https://www.bbc.com/news/education-59148324. Zugriff am 31.08.2023.

Birnbacher, Dieter (Hg.): Bioethik als Tabu? Toleranz und ihre Grenzen. Münster 2000.

Birnbacher, Dieter: Analytische Einführung in die Ethik. Berlin/Boston [2006] ³2013.

Bittner, Rüdiger: Bürger Sein. Eine Prüfung politischer Begriffe. Berlin/Boston 2017.

Brendel, Elke et al.: Gegen Populismus und Denkverbote in der Philosophie. Ein Nachruf auf die phil.Cologne. In: Kölner Stadt-Anzeiger vom 04.06.2015.

Cölln, Jan/Holznagel, Franz-Josef (Hg.): Positionen der Germanistik in der DDR. Personen – Forschungsfelder – Organisationsformen. Berlin/Boston 2013.

Dear, Kevin M.: Zwischen Ein- und Ausladung: Peter Singer in Deutschland. In: Aufklärung und Kritik 58 (2016), 114–125.

Fikentscher, Anneliese: Den Kriegstreibern in den Arm fallen. Neuer „Krefelder Appell", November 2021: https://peaceappeal21.de/. Zugriff am 31.08.2023.

Frensch, Michael/Schmidt, Martin/Schmidt, Michael (Hg.): Euthanasie. Sind alle Menschen Personen? Schaffhausen 1992.

Gesellschaft für Analytische Philosophie: Für eine freie und kritische Auseinandersetzung in den Wissenschaften (November 2021): https://gap-im-netz.de/images/gap/Stock-Stellungnahme.pdf. Zugriff am 31.08.2023.

Gesellschaft für Analytische Philosophie: Erklärung zur Ausladung von Georg Meggle (03.09.2022) [=GAP 2022a]: https://www.gap-im-netz.de/images/gap/Erklaerung_zur_Ausladung_von_Georg_Meggle.pdf. Zugriff am 06.02.2024.

Gesellschaft für Analytische Philosophie: Erklärung zur Ausladung Georg Meggles: Nachtrag (16.10.2022) [=GAP

2022b]: https://www.gap-im-netz.de/de/archiv.html. Zugriff am 06.02.2024.

Grice, Paul: Logik und Konversation. In: G. Meggle (Hg.): Handlung, Kommunikation, Bedeutung. Frankfurt a.M. [1975, Orig.] 1993, 243–265.

Grundgesetz: GG: Textausgabe mit Sachverzeichnis und Einführung von U. Di Fabio. München [53]2023.

Hallich, Oliver: Grenzen der Redefreiheit. Lassen sich Diskussionsbeschränkungen in der Bioethik rechtfertigen? In: Allgemeine Zeitschrift für Philosophie 33 (2008), 125–153.

Hegselmann, Rainer/Merkel, Reinhard (Hg.): Zur Debatte über Euthanasie. Beiträge und Stellungnahmen. Frankfurt a.M. 1991.

Herrmann, Martina: „Diskriminierung", „Rassismus und Sexismus". In: R. Stoecker/Chr. Neuhäuser/M.-L. Raters (Hg.): Handbuch Angewandte Ethik. Stuttgart 2011, 290–297.

Himpsl, Franz: Akademische Freiheit und die Verantwortung des Wissenschaftlers für epistemische Produktivität. In: Özmen (Hg.) 2021a, 11–28.

Hoerster, Norbert: Neugeborene und das Recht auf Leben. Frankfurt a.M. 1995.

Jaster, Romy/Keil, Geert: Wen sollte man nicht an die Universität einladen? In: Özmen (Hg.) 2021a, 141–159.

Jaster, Romy/Keil, Geert: Wer muss draußen bleiben? In: Deutsche Zeitschrift für Philosophie 70 (2022), 474–491 [= Jaster/Keil 2022a].

Jaster, Romy/Keil, Geert: Replik: Tugendbezogene Einladungspolitik zwischen allen Stühlen. In: Deutsche Zeitschrift für Philosophie 70 (2022), 523–539 [=Jaster/Keil 2022b].

Jessen, Ralph: Wissenschaftsfreiheit und kommunistische Diktatur in der DDR. In: R.A. Müller/R.Chr. Schwinges (Hg.): Wissenschaftsfreiheit in Vergangenheit und Gegenwart. Basel 2008, 185–206.

Kinsauer Manifest. In: Frensch/Schmidt/Schmidt (Hg.) 1992, 143–155.

Klonschinski, Andrea: Einleitung: Was ist Diskriminierung und was genau ist daran moralisch falsch? In: Zeitschrift für Praktische Philosophie 7 (2020), 133–154.

Kostner, Sandra (Hg.): Wissenschaftsfreiheit. Warum dieses Grundrecht zunehmend umkämpft ist. Baden-Baden 2022.

Kostner, Sandra: Bedrohte Meinungsfreiheit oder Meinungsfreiheit als Bedrohung? In: Lotter (Hg.) 2023a, 99–128.

Lotter, Maria-Sibylla: Wissenschaft als imaginäres Wiedergutmachungsprojekt. In: Özmen (Hg.) 2021a, 69–89.

Lotter, Maria-Sibylla: Philosophen schließen einen Kollegen von einer Tagung aus. Weil er ein Manifest unterschrieben hat, das Vernunftkriterien nicht standhält. In: NZZ vom 28.09.2022. https://www.nzz.ch/feuilleton/tugendpolizei-philosophen-schliessen-kollegen-von-tagung-aus-ld.1704543. Zugriff am 31.08.2023.

Lotter, Maria-Sibylla (Hg.): Probleme der Streitkultur in Demokratie und Wissenschaft. Baden-Baden 2023 [=Lotter 2023a].

Lotter, Maria-Sibylla: Demokratische Streitkultur. Ihre Voraussetzungen und Gefährdungen. In: Dies. (Hg.) 2023a, 39–79 [=Lotter 2023b].

Lotter, Maria-Sibylla: Verletzende Worte und die Grenzen des Sagbaren. In: Dies. (Hg.) 2023a, 149–164 [=Lotter 2023c].

Meggle, Georg: Gespräch: Gründungspräsident Georg Meggle über Gründung der GAP (2019): https://www.youtube.com/watch?app=desktop&v=0qk4fjZIkak. Zugriff am 31.08.2023.

Mill, John Stuart: Utilitarianism/Der Utilitarismus. Englisch/Deutsch. Übers. und hg. von D. Birnbacher. Stuttgart [1871, Orig.] 2006.

Mill, John Stuart: On Liberty/Über die Freiheit. Englisch/Deutsch. Übers. und hg. von B. Gräfrath. Stuttgart [1859, Orig.] 2009.

Miller, David: Fremde in unserer Mitte. Politische Philosophie der Einwanderung. Berlin [2016, Orig.] 2017.

Moore, George Edward: Principia Ethica. Erweiterte Ausgabe. Übers. und hg. von B. Wisser. Stuttgart [1903, Orig.] 1970.

Müller, Anselm: Toleranz als Tugend. Die Rationalität des Ethischen Diskurses im Dilemma. In: Birnbacher (Hg.) 2000, 23–39.

Murdoch, Iris: Die Souveränität des Guten. Frankfurt a.M. [1971, Orig.] 2023.

Netzwerk Wissenschaftsfreiheit e.V.: Offener Brief von Philosophen an den Vorsitzenden der Gesellschaft für Analytische Philosophie bezüglich der Ausladung ihres Ehrenpräsidenten Georg Meggle (2022): https://www.netzwerk-wissenschafts-freiheit.de/wp-content/uploads/2022/09/Offener-Brief-Meg-gle-13.9.2022.pdf. Zugriff am 31.08.2023.

Nida-Rümelin, Julian: „Cancel Culture" – Ende der Aufklärung? Ein Plädoyer für eigenständiges Denken. München 2023.

Nieman, Susan: Links ist nicht woke. München [2023, Orig.] 2023.

Özmen, Elif (Hg.): Wissenschaftsfreiheit im Konflikt. Grundlagen, Herausforderungen und Grenzen. Berlin 2021 [=Özmen 2021a].

Özmen, Elif: Epistemische Offenheit als Wagnis. Über Wissenschaftsfreiheit und Wissenschaftsethos in der Demokratie. In: Dies. (Hg.) 2021a, 29–47 [=Özmen 2021b].

Open Letter Concerning Transphobia in Philosophy. January 2021: https://sites.google.com/view/trans-phil-letter/. Zugriff am 31.08.2023.

Patzig, Günther: Gibt es Grenzen der Redefreiheit? In: Birnbacher (Hg.) 2000, 11–22.

Pettigrove, Glen: Punishment and Protest. In: Radzik, Linda/Pettigrove, Glen/Bennett, Chris: The Ethics of Social Punishment. The Enforcement of Morality in Everyday Life. Cambridge 2020, 113–133.

Picker, Christian/Reif, Sebastian: Mein Prof ist ein Nazi – Politischer Extremismus und Beschäftigungsverhältnisse an staatlichen Hochschulen. In: Ordnung der Wissenschaft 2 (2021), 69–102.

„Polizei löst pro-palästinensische Demonstration auf" [ohne Autor]. In: FAZ vom 16.04.2023. https://www.faz.net/aktuell/politik/inland/polizei-loest-pro-palaestinensische-demo-in-koeln-auf-18824424.html. Zugriff am 31.08.2023.

Reich-Ranicki, Marcel: Mein Leben. Stuttgart 1999.

Roetz, Heiner: Springer-Verlag und China: Viel Verständnis für Zensoren. In: FAZ vom 08.07.2020: https://www.faz.net/aktuell/karriere-hochschule/springer-und-china-das-geschaeft-mit-zensoren-wird-geduldet-16849367.html. Zugriff am 31.08.2023.

Roxin, Claus: Strafrecht. Allgemeiner Teil. Band 1: Grundlagen. Der Aufbau der Verbrechenslehre. München [1992] ²1994.

Sarrazin, Thilo: Deutschland schafft sich ab. Wie wir unser Land aufs Spiel setzen. München [2010] ²2021.

Schefczyk, Michael: Verantwortung für historisches Unrecht. Eine philosophische Untersuchung. Berlin/New York 2012.

Schnädelbach, Herbert: Was Philosophen wissen und was man von ihnen lernen kann. München 2012.

Schotte, Dietrich: Was ist Gewalt? Philosophische Untersuchung zu einem umstrittenen Begriff. Frankfurt a.M. 2020.

Schönecker, Dieter: Fragen an Dieter Schönecker. In: Information Philosophie 1/2019, 124–129.

Schönecker, Dieter: Singer und Sarrazin. Eine vergleichende Studie zur Wissenschaftsfreiheit. In: Özmen (Hg.) 2021a, 123–140.

Schönecker, Dieter: Akademische Verbannung. Auch ein Zwischenbericht. In: Lotter (Hg.) 2023a, 189–216.

Seebass, Gottfried: Der Wert der Freiheit. In: Ders.: Handlung und Freiheit. Tübingen [1996] 2006, 247–264.

Singer, Peter: Anhang: Wie man in Deutschland mundtot gemacht wird. In: Ders.: Praktische Ethik. Neuausgabe. Stuttgart [1993, Orig.] 1994, 425–451.

Singer, Peter: Praktische Ethik. Dritte Auflage, Stuttgart [2011, Orig.] 2013.

Singer, Peter: Ein Embryo hat kein Recht auf Leben. In: NZZ vom 24.05.2015. https://www.nzz.ch/nzzas/nzz-am-sonntag/philosoph-peter-singer-ein-embryo-hat-kein-recht-auf-leben-ld.902280. Zugriff am 31.08.2023.

Smith, Evan: No-Platform. A History of Anti-Fascism, Universities and the Limits of Free Speech. London 2020.

Spaemann, Robert: Wir dürfen das Tabu nicht aufgeben. In: Frensch/Schmidt/Schmidt (Hg.) 1992, 156–164.

Spierling, Volker: Die Drehwende der Moderne. Schopenhauer zwischen Skeptizismus und Dogmatismus. In: Ders. (Hg.): Materialien zu Schopenhauers „Die Welt als Wille und Vorstellung". Frankfurt a.M. 1984, 14–83.

Stemmer, Peter: Begründen, Rechtfertigen und das Unterdrückungsverbot. In: Ders.: Begründen, Rechtfertigen und das Unterdrückungsverbot. Berlin/Boston [2010] 2013, 110–127.

Stemmer, Peter: Zur Idee der Freiheit. In: Deutsche Zeitschrift für Philosophie 70 (2022), 571–590.

Stevenson, Charles L.: Ethics and Language. New Haven 1944.

Stock, Kathleen: Material Girls. Warum die Wirklichkeit für den Feminismus unerlässlich ist. Berlin [2021, Orig.] 2022.

Strafgesetzbuch: StGB: Textausgabe mit Einführung und Sachregister von Th. Weigend. München [61]2023.

Thomas, Gina: Kampagne von Transaktivisten. Philosophin Kathleen Stock tritt zurück. In: FAZ vom 31.10.2021: https://www.faz.net/aktuell/feuilleton/debatten/nach-kampagne-von-transaktivisten-kathleen-stock-tritt-zurueck-17611410.html. Zugriff am 31.08.2023.

Vukadinovic, Vojin Sasa: Chronik einer orchestrierten Verleumdung. In: FAZ vom 17.03.2021: https://www.faz.net/aktuell/karriere-hochschule/cancel-culture-an-hochschulen-chronik-einer-verleumdung-17247116.html. Zugriff am 06.02.2024.

Watson, Peter: On the failure to eliminate hypotheses in a conceptual task. In: Quarterly Journal of Experimental Psychology 12 (1960), 129–140.

Werber, Niels: Geldfragen. Leserbrief an die Siegener Zeitung vom 07.04.2021.

Wilholt, Torsten: Die Freiheit der Forschung. Begründungen und Begrenzungen. Frankfurt a.M. 2012.

Williams, Bernard: Ethik und die Grenzen der Philosophie. Hg. von O. Kallscheuer. Übers. von M. Haupt. Hamburg [1985, Orig.] 1999.

Wolf, Ursula: Philosophie und Öffentlichkeit. Anmerkungen zur Euthanasiedebatte. In: Hegselmann/Merkel (Hg.) 1991, 181–196.

Printed in the United States
by Baker & Taylor Publisher Services